Eine gute Suppe wärmt das Herz.

Alfred Biolek

Inhalt

8   **Köstliche Suppen & Eintöpfe**
Klassische und moderne Seelenwärmer.

58   **Grundrezepte für mehr Genuss**
Vielseitiger Gemüsefond und selfmade grüne Thai-Currypaste.

60   **Angesagte Curries, Risotti & Bowls**
Schüsseln voll mit Gemüse- und Gewürzaromen sorgen für Glücksmomente.

108   **Register**
Alle Rezepte übersichtlich nach SmartPoints sortiert und in alphabetischer Reihenfolge.

112   **Impressum**

Rezeptinfos

 **SmartPoints Wert pro Person / Glas / Stück**

Fertig in
Hier sind alle Vorbereitungsschritte, Marinier-, Gar- und Backzeiten eingerechnet.

Davon aktiv
Diese Zeitangabe sagt dir, wie lange du wirklich mit Schnippeln und Rühren beschäftigt bist.

 vegetarisch

 vegan

 glutenfrei

 laktosefrei

 nussfrei

So geht's
QR-Code scannen und Einkaufslisten entdecken.

Nicole, -13 kg

Jetzt WW erleben: ww.com

Genussvoll abnehmen mit WW!

Mit WW erreichst du dein Abnahme-Ziel schnell, einfach und langfristig und kannst dabei weiterhin alles essen und genießen, was du liebst!

WW Freestyle – erlebe es!

Das Abnahme-Programm, das genau zu dir passt.

Mit WW Freestyle erreichst du dein Abnahme-Ziel schnell, einfach und langfristig! Unsere bewährten SmartPoints® sowie zahlreiche Produkte und Services helfen dir dabei.

Um erfolgreich abzunehmen, erhält jeder ein individuelles tägliches SmartPoints® Budget sowie ein zusätzliches Wochenextra. Jedes Lebensmittel hat einen SmartPoints® Wert, zusätzlich stehen dir über 200 ZeroPoint™ foods zur Verfügung, die die Basis für eine ausgewogene Ernährung bilden. Du musst sie weder zählen noch abwiegen – einfach nur genießen! Welche Lebensmittel du wählst, bleibt ganz dir überlassen – solange sie in dein SmartPoints® Budget passen. So kannst du immer essen, was du liebst!

Neugierig geworden?

Unter ww.de erfährst du mehr über WW Freestyle und wie du mit dem Programm Richtung Wunschgewicht starten kannst.

Einfach lecker kochen

Unser umfangreiches Kochbuch-Sortiment bietet dir zu einer Vielzahl an Themen leckere Rezepte, die du unbedingt probieren musst. Hier findest du immer ein passendes Gericht, egal ob du für dich, die Familie oder Freunde kochst, es schnell gehen muss oder du etwas Besonderes suchst.

Alle Rezepte sind sorgfältig getestet, sodass sie immer gelingen und einfach gut schmecken. Zusätzlich findest du in jedem Buch praktische Infos rund ums Thema Kochen.

Die Kochbücher sind im Buchhandel erhältlich. Und unter **www.weightwatchers-shop.de/buecher-magazin/kochbuecher** findest du noch mehr!

Köstliche Suppen & Eintöpfe

Frische Erbsensuppe mit Räuchertofu

Für 2 Personen   Fertig in 30 Min.   Davon aktiv 20 Min.

2 Frühlingszwiebeln
1/2 Stange Lauch
2 kleine Karotten
1 rote Chilischote
1 Knoblauchzehe
150 g Räuchertofu
1/4 Bund Petersilie
2 TL Rapsöl
500 ml Gemüsebrühe
(2 TL Instantpulver)
200 g Erbsen (TK)
Salz, Pfeffer
2 EL Limettensaft

1 Frühlingszwiebeln mit Lauch waschen und schräg in feine Ringe schneiden. Karotten schälen und fein würfeln. Chilischote waschen, entkernen und in Ringe schneiden. Knoblauch hacken. Tofu würfeln. Petersilie waschen, trocken schütteln und hacken.

2 1 TL Öl in einem Topf auf mittlerer Stufe erhitzen und Karottenwürfel mit Lauchringen darin 2–3 Minuten anbraten. Knoblauch, drei Viertel der Chilischote und der Frühlingszwiebelringe dazugeben und ca. 2 Minuten mitbraten. Gemüse mit Brühe ablöschen und mit Deckel ca. 5 Minuten garen.

3 Erbsen zur Suppe geben, Suppe kräftig mit Salz und Pfeffer würzen und mit Limettensaft verfeinern. Erbsensuppe ca. 5 Minuten köcheln lassen. Restliches Öl in einer Pfanne auf mittlerer Stufe erhitzen und Tofuwürfel darin 3–5 Minuten rundherum braten. Erbsensuppe mit Petersilie, restlichen Chili- und Frühlingszwiebelringen bestreuen und mit Tofuwürfeln garniert servieren.

2 SmartPoints Wert   1279 kJ | 306 kcal

Würziger Gyroseintopf

Für 2 Personen   Fertig in 35 Min.   Davon aktiv 20 Min.

1 Zwiebel
2 Tomaten
250 g braune Champignons
1 rote Paprika
350 g Schweinefilet
30 g entsteinte grüne Oliven in Lake
1 TL Rapsöl
Salz, Pfeffer
1 TL Paprikapulver
2 TL gehackter Oregano
1/2 TL getrockneter Thymian
2 TL Tomatenmark
300 ml Gemüsebrühe (1 1/2 TL Instantpulver)
1 EL Frischkäse, bis 5 % Fett absolut

1. Zwiebel schälen, Tomaten waschen und beides würfeln. Champignons trocken abreiben und in Scheiben schneiden. Paprika waschen, entkernen und in Würfel schneiden. Schweinefilet trocken tupfen und in Streifen schneiden. Oliven hacken.

2. Öl in einem Topf auf mittlerer bis hoher Stufe erhitzen und Zwiebelwürfel mit Schweinefiletstreifen darin ca. 5 Minuten anbraten. Mit Salz, Pfeffer und Paprikapulver würzen und mit 1 TL Oregano und Thymian verfeinern.

3. Tomatenmark, Champignonscheiben und Paprikawürfel dazugeben, kurz mitbraten, mit Brühe ablöschen, Tomatenwürfel dazugeben und mit Deckel ca. 10 Minuten köcheln lassen. Gyroseintopf mit Frischkäse verfeinern und mit Oliven und restlichem Oregano bestreut servieren.

4 SmartPoints Wert   1401 kJ | 335 kcal

Für ein cremiges Topping …

… garniere den Gyroseintopf zusätzlich mit 1 EL Schmand. Der SmartPoints Wert pro Person erhöht sich auf 5.

Cremige Kürbissuppe mit Cashewnüssen

Für 2 Personen   Fertig in 35 Min.   Davon aktiv 25 Min.

1/2 Butternutkürbis (ca. 500 g)
1 Zwiebel
1 süßlicher Apfel (z. B. Gala)
1 Stück Ingwer (ca. 2 cm)
25 g Cashewnüsse
1 TL Olivenöl
500 ml Gemüsebrühe (2 TL Instantpulver)
Salz, Pfeffer
1 Prise geriebene Muskatnuss
1 TL Chiliflocken
30 g Crème légère

1 Kürbis schälen, halbieren und Kerne mit einem Löffel entfernen. Zwiebel schälen. Apfel vierteln, entkernen, schälen und mit Kürbis und Zwiebel in Würfel schneiden. Ingwer schälen und hacken. Cashewnüsse hacken.

2 Öl in einem Topf auf mittlerer Stufe erhitzen und Ingwer mit Zwiebel-, Kürbis- und Apfelwürfeln darin 5–8 Minuten anbraten. Mit Brühe ablöschen und ca. 15 Minuten köcheln lassen.

3 Cashewnüsse fettfrei in einer Pfanne auf mittlerer Stufe 2–3 Minuten rösten. Suppe pürieren, mit Salz und Pfeffer würzen und mit Muskatnuss, Chiliflocken und Crème légère verfeinern. Kürbissuppe mit Cashewnüssen bestreuen und nach Wunsch mit Kerbel garniert servieren.

4 **SmartPoints Wert**   1100 kJ | 263 kcal

Köstliche Suppen & Eintöpfe 15

Pikante Grünkohlsuppe

Für 4 Personen   Fertig in 80 Min.   Davon aktiv 20 Min.

1 Gemüsezwiebel
400 g festkochende Kartoffeln
2 kg Grünkohl (frisch oder TK)
1 TL Olivenöl
1 Lorbeerblatt
2 Nelken
1,8 Liter Gemüsebrühe (2 EL Instantpulver)
Salz, Pfeffer
1 Msp. Piment
1/2 TL geriebene Muskatnuss
1 Msp. geräuchertes Paprikapulver
1/2 TL Cayennepfeffer
80 g Salami
2 EL Sojacreme, bis 17 % Fett

1 Zwiebel mit Kartoffeln schälen und würfeln. Grünkohl ggf. waschen, trocken schleudern und hacken. Öl in einem Topf auf mittlerer Stufe erhitzen und Zwiebelwürfel darin ca. 2 Minuten anbraten. Grünkohl dazugeben und zusammenfallen lassen bzw. auftauen.

2 Kartoffelwürfel, Lorbeerblatt und Nelken dazugeben, mit Brühe ablöschen und mit Salz, Pfeffer, Piment, Muskatnuss, Paprikapulver und Cayennepfeffer würzen. Grünkohlsuppe mit Deckel unter gelegentlichem Rühren ca. 60 Minuten garen.

3 Salami in Streifen schneiden. Lorbeerblatt und Nelken aus der Suppe entfernen, mit Sojacreme verfeinern und mit Salz und Pfeffer abschmecken. Pikante Grünkohlsuppe mit Salamistreifen bestreuen und servieren.

5 SmartPoints Wert   1773 kJ | 424 kcal

So schmeckt's auch

Du magst es lieber vegetarisch? Dann verfeinere die Suppe statt mit Salami mit 200 g Räuchertofu in Würfeln, den du mit den Kartoffelwürfeln und Gewürzen zur Suppe gibst. Die SmartPoints ändern sich nicht.

Kartoffel-Lauch-Suppe mit Geflügelbrust

Für 4 Personen   Fertig in 45 Min.   Davon aktiv 20 Min.

1 Stange Lauch
500 g mehligkochende Kartoffeln
250 g Karotten
1 Knoblauchzehe
200 g Geflügelbrust-aufschnitt
2 TL Halbfettmargarine
500 ml Geflügelbrühe (2 TL Instantpulver)
2 EL Mehl
200 ml entrahmte Milch
250 ml Cremefine zum Kochen, 15 % Fett
Salz, Pfeffer
2 EL gehackte Petersilie

1. Lauch waschen und in Ringe schneiden. Kartoffeln und Karotten schälen und in Würfel schneiden. Knoblauch hacken und Geflügelbrustaufschnitt in Streifen schneiden.

2. Margarine in einem Topf auf hoher Stufe erhitzen und Lauchringe, Kartoffel-, Karottenwürfel, Knoblauch und Aufschnittstreifen darin 2–3 Minuten anbraten. Mit Brühe ablöschen und auf niedriger Stufe ca. 15 Minuten köcheln lassen.

3. Mehl mit Milch verrühren, mit Cremefine zur Suppe geben und weitere ca. 10 Minuten köcheln lassen. Kartoffel-Lauch-Suppe mit Salz und Pfeffer abschmecken und mit Petersilie bestreut servieren.

8 **SmartPoints Wert**   1339 kJ | 320 kcal

Orientalischer Lammeintopf

Für 4 Personen   Fertig in 50 Min.   Davon aktiv 20 Min.

160 g trockener Bulgur
Salz, Pfeffer
480 g Lammfilet
1 Knoblauchzehe
1 Zwiebel
4 grüne Paprika
1 Dose Kichererbsen
(265 g Abtropfgewicht)
2 TL Rapsöl
2 EL Tomatenmark
400 g stückige Tomaten
(Konserve)
200 ml Gemüsebrühe
(1 TL Instantpulver)
1 EL Rosinen
1/2 Granatapfel
1 Prise Zimt
1/2 TL Kreuzkümmel
2 TL gehackte Minze

1 Bulgur nach Packungsanweisung in Salzwasser garen. Lammfilet trocken tupfen und würfeln. Knoblauch pressen. Zwiebel schälen und würfeln. Paprika waschen, entkernen und würfeln. Kichererbsen abspülen und abtropfen lassen.

2 Öl in einem Topf auf hoher Stufe erhitzen und Lammfiletwürfel mit Knoblauch darin ca. 5 Minuten rundherum braten. Salzen, pfeffern und herausnehmen. Zwiebel- und Paprikawürfel im Bratensatz kurz anbraten. Tomatenmark zufügen und anschwitzen. Mit Tomaten und Brühe ablöschen, Kichererbsen und Rosinen zufügen und ca. 25 Minuten garen.

3 Granatapfelkerne herauslösen, mit Lammfiletwürfeln und Bulgur unter den Eintopf heben und kurz erwärmen. Mit Salz, Pfeffer, Zimt und Kreuzkümmel abschmecken. Orientalischen Lammeintopf mit Minze bestreut servieren.

8   **SmartPoints Wert**   2132 kJ | 510 kcal

Wärmende Fenchelsuppe

Für 2 Personen   Fertig in 30 Min.   Davon aktiv 10 Min.

1/2 Knollensellerie
100 g mehligkochende Kartoffeln
1 Zwiebel
1 Knoblauchzehe
1 TL Olivenöl
500 ml Gemüsebrühe (1 TL Instantpulver)
300 ml entrahmte Milch
1 kleine Fenchelknolle
1 Zitrone
1 Prise geriebene Muskatnuss
2 EL Crème légère
Salz, Pfeffer

1 Sellerie, Kartoffeln und Zwiebel schälen und alles würfeln. Knoblauch in Scheiben schneiden. Öl in einem Topf auf mittlerer Stufe erhitzen und Zwiebelwürfel mit Knoblauchscheiben darin ca. 5 Minuten andünsten.

2 Sellerie- und Kartoffelwürfel mit Brühe und Milch zugeben und auf mittlerer Stufe ca. 10 Minuten garen. Fenchel waschen, halbieren, den Strunk entfernen und Fenchel in Streifen schneiden. Fenchel zur Suppe geben und weitere ca. 10 Minuten garen.

3 Zitrone auspressen. Suppe pürieren, mit Zitronensaft, Muskatnuss und Crème légère verfeinern und mit Salz und Pfeffer abschmecken. Wärmende Fenchelsuppe servieren.

5 SmartPoints Wert   978 kJ | 234 kcal

Köstliche Suppen & Eintöpfe 23

Paprika-Linsen-Suppe mit Kokosmilch

Für 2 Personen   Fertig in 30 Min.   Davon aktiv 15 Min.

150 g trockene rote Linsen
3 rote Paprika
1 Zwiebel
1 Frühlingszwiebel
1 kleine rote Chilischote
1 Stück Ingwer (ca. 2 cm)
4 Stängel Koriander
1 TL Olivenöl
80 ml fettreduzierte Kokosmilch
400 ml Gemüsebrühe (2 TL Instantpulver)
Salz, Pfeffer
2 TL Limettensaft

1 Linsen nach Packungsanweisung in Wasser garen. Paprika waschen, entkernen und würfeln. Zwiebel schälen und würfeln. Frühlingszwiebel mit Chilischote waschen, Chilischote entkernen und mit Frühlingszwiebel in Ringe schneiden. Ingwer schälen und fein hacken. Koriander waschen, trocken schütteln und hacken.

2 Öl in einem Topf auf mittlerer bis hoher Stufe erhitzen und Zwiebel- mit Paprikawürfeln, Chiliringen und Ingwer darin ca. 10 Minuten anbraten. Linsen zufügen, mit Kokosmilch und Brühe ablöschen und ca. 5 Minuten köcheln lassen.

3 Suppe mit Salz und Pfeffer würzen und mit Limettensaft verfeinern. Paprika-Linsen-Suppe mit Frühlingszwiebelringen und Koriander bestreut servieren.

3 **SmartPoints Wert**   1846 kJ | 441 kcal

Romanesco-Geflügel-Topf

Für 2 Personen   Fertig in 40 Min.   Davon aktiv 20 Min.

300 g Putenschnitzel
1/2 rote Chilischote
400 g festkochende Kartoffeln
1 Romanesco (ca. 700 g)
1 TL Olivenöl
Salz, Pfeffer
1 Msp. Paprikapulver
400 ml Gemüsebrühe (2 TL Instantpulver)
1 EL Mandelstifte
2 EL saure Sahne
2 TL Mandelmus
2 EL Schnittlauchringe

1 Putenschnitzel abspülen, trocken tupfen und in Streifen schneiden. Chilischote waschen, entkernen und in Ringe schneiden. Kartoffeln schälen und würfeln. Romanesco waschen und in Röschen teilen.

2 Öl in einem Topf auf mittlerer Stufe erhitzen und Putenstreifen darin ca. 3 Minuten rundherum anbraten. Mit Salz, Pfeffer und Paprikapulver würzen und herausnehmen. Chiliringe, Romanescoröschen und Kartoffelwürfel im Bratensatz kurz andünsten, mit Brühe ablöschen, aufkochen und mit Deckel 15–20 Minuten garen.

3 Mandelstifte fettfrei in einer Pfanne auf mittlerer Stufe 2–3 Minuten rösten, mit Putenstreifen zum Gemüse geben und ca. 4 Minuten darin erwärmen. Romanesco-Geflügel-Topf mit saurer Sahne und Mandelmus verfeinern und mit Salz und Pfeffer abschmecken. Romanesco-Geflügel-Topf mit Schnittlauch bestreuen und servieren.

8 SmartPoints Wert   2173 kJ | 519 kcal

Thai-Glasnudelsuppe mit Garnelen

Für 2 Personen **Fertig in 40 Min.** **Davon aktiv 30 Min.**

1 Zwiebel
1 kleine rote Chilischote
1 Stück Ingwer (ca. 1 cm)
1 Knoblauchzehe
250 g Tomaten
1 kleine Stange Lauch
1 TL Rapsöl
2 EL Sojasauce
500 ml Gemüsebrühe
(2 TL Instantpulver)
50 g trockene Glasnudeln
1 Glas Bambussprossen
(175 g Abtropfgewicht)
250 g küchenfertige Riesengarnelen
einige Blätter Thai-Basilikum
4 EL fettreduzierte Kokosmilch
Salz

1 Zwiebel schälen. Chilischote waschen, entkernen und mit Zwiebel in dünne Streifen schneiden. Ingwer schälen und mit Knoblauch fein hacken. Tomaten waschen, kreuzweise einschneiden, mit kochendem Wasser überbrühen und häuten. Tomaten entkernen und würfeln. Lauch waschen und in Streifen schneiden.

2 Öl in einem Topf auf mittlerer Stufe erhitzen und Zwiebel-, Chilistreifen, Ingwer und Knoblauch darin ca. 3 Minuten andünsten. Tomatenwürfel und Lauchstreifen zufügen, mit Sojasauce und Brühe ablöschen und ca. 10 Minuten köcheln lassen.

3 Nudeln nach Packungsanweisung zubereiten und abgießen. Bambussprossen abtropfen lassen. Garnelen abspülen, trocken tupfen, mit Glasnudeln und Bambussprossen zur Suppe geben und ca. 5 Minuten darin gar ziehen lassen. Thai-Basilikum waschen und trocken schütteln. Thai-Glasnudelsuppe mit Kokosmilch verfeinern, mit Salz abschmecken und mit Thai-Basilikum garniert servieren.

5 **SmartPoints Wert**   1423 kJ | 340 kcal

Rinderschmortopf mit Steckrüben

Für 4 Personen   Fertig in 2 Std. 25 Min.   Davon aktiv 30 Min.

600 g Rindergulasch
1 Zwiebel
1 EL Olivenöl
1 EL Mehl
400 g stückige Tomaten (Konserve)
185 ml Rinderfond
300 g mehligkochende Kartoffeln
2 Karotten
1 kleine Steckrübe
200 g Champignons
60 g Baby-Blattspinat
Salz, Pfeffer
4 Scheiben Vollkornbaguette

1 Gulasch trocken tupfen und gegebenenfalls kleiner schneiden. Zwiebel schälen und würfeln. Öl in einem Topf auf hoher Stufe erhitzen, Gulasch darin portionsweise 3–5 Minuten anbraten und herausnehmen. Zwiebelwürfel im Bratensatz auf mittlerer Stufe ca. 5 Minuten dünsten. Mit Mehl bestäuben und ca. 1 Minute anschwitzen. Mit Tomaten und Fond ablöschen, Gulasch zugeben, aufkochen und auf niedriger Stufe mit Deckel ca. 60 Minuten garen.

2 Kartoffeln, Karotten und Steckrübe schälen. Karotten längs halbieren und in Scheiben schneiden, Kartoffeln und Steckrübe würfeln. Champignons trocken abreiben und halbieren. Kartoffel- und Steckrübenwürfel mit Karottenscheiben und Champignonhälften zum Gulasch geben und mit Deckel weitere ca. 60 Minuten garen.

3 Spinat waschen, trocken schleudern, unter den Schmortopf heben und ca. 1 Minute zusammenfallen lassen. Rinderschmortopf mit Salz und Pfeffer abschmecken und mit Baguette servieren.

8 **SmartPoints Wert**   1982 kJ | 474 kcal

Köstliche Suppen & Eintöpfe 31

Pastinaken-Karotten-Suppe mit marinierter Putenbrust

Für 1 Person   Fertig in 30 Min.   Davon aktiv 20 Min.

150 g Pastinaken
200 g Karotten
1 Stück Ingwer (ca. 1 cm)
120 g Putenschnitzel
1 EL Sojasauce
1 TL Rapsöl
50 ml fettreduzierte Kokosmilch
500 ml Gemüsebrühe (2 TL Instantpulver)
1 TL Limettensaft
Salz, Pfeffer
1 EL Zwiebelsprossen

1. Pastinaken und Karotten schälen und in Würfel schneiden. Ingwer schälen und reiben. Putenschnitzel abspülen, trocken tupfen und in Streifen schneiden. Putenstreifen mit Sojasauce und Ingwer in einen Gefrierbeutel geben, gut verkneten und im Kühlschrank ca. 10 Minuten marinieren.

2. Öl in einem Topf auf mittlerer Stufe erhitzen und Pastinaken- und Karottenwürfel darin ca. 5 Minuten andünsten. Mit Kokosmilch und Brühe ablöschen und auf niedriger Stufe ca. 15 Minuten köcheln lassen.

3. Putenstreifen samt Marinade fettfrei in einer Pfanne auf hoher Stufe 3–5 Minuten rundherum braten. Suppe pürieren, mit Limettensaft verfeinern und mit Salz und Pfeffer abschmecken. Putenstreifen zur Suppe geben und Pastinaken-Karotten-Suppe mit Zwiebelsprossen garniert servieren.

4 SmartPoints Wert   1738 kJ | 415 kcal

Kohlrabi-Lauch-Eintopf mit Petersilienpesto

Für 1 Person   Fertig in 30 Min.   Davon aktiv 10 Min.

1 Zwiebel
1 Karotte
1 Kohlrabi
100 g festkochende Kartoffeln
1 kleine Stange Lauch
1 TL Rapsöl
550 ml Gemüsebrühe
(2 TL Instantpulver)
Salz, Pfeffer
1/2 Bund Petersilie
1 EL gehackte Haselnüsse

1 Zwiebel, Karotte, Kohlrabi und Kartoffeln schälen und würfeln. Lauch waschen und in feine Ringe schneiden. Öl in einem Topf auf mittlerer Stufe erhitzen und Zwiebelwürfel darin ca. 2 Minuten andünsten. Kohlrabi-, Karotten-, Kartoffelwürfel und Lauchringe dazugeben und 4–5 Minuten mitdünsten. Mit 500 ml Brühe ablöschen, mit Salz und Pfeffer würzen und ca. 15 Minuten köcheln lassen.

2 Für das Pesto Petersilie waschen, trocken schütteln, mit restlicher Brühe und Haselnüssen pürieren und mit Salz und Pfeffer abschmecken. Kohlrabi-Lauch-Eintopf mit Salz und Pfeffer abschmecken, mit Petersilienpesto garnieren und servieren.

 SmartPoints Wert   1544 kJ | 369 kcal

To Go
Der Eintopf lässt sich prima mitnehmen. Rühre das Pesto einfach unter und verpacke den Kohlrabi-Lauch-Eintopf in einer gut schließenden Frischhaltedose. Später kannst du ihn ganz einfach in der Mikrowelle bei 800 Watt für 2–3 Minuten erwärmen.

Ramen-Nudelsuppe mit Geflügelhack

Für 4 Personen   Fertig in 40 Min.   Davon aktiv 25 Min.

1 Stück Ingwer (ca. 2 cm)
2 Frühlingszwiebeln
1 Knoblauchzehe
2 Liter Geflügelfond
1/2 TL Sesamöl
1 EL Sojasauce
60 g Baby-Grünkohl
125 g Baby-Maiskolben
250 g Champignons
90 g trockene Ramen-Nudeln
Salz
4 Eier (Größe M)
1 EL Olivenöl
300 g Geflügelhackfleisch (aus Geflügelbrustfilet)
1 EL asiatische Chili-Knoblauch-Sauce

1 Für die Brühe Ingwer schälen und in Scheiben schneiden. Frühlingszwiebeln waschen und in dünne Ringe schneiden. Knoblauch leicht zerdrücken. Fond mit Ingwerscheiben, Knoblauch, hellen Frühlingszwiebelringen, Sesamöl und Sojasauce in einem Topf auf niedriger Stufe ca. 10 Minuten köcheln lassen.

2 Grünkohl waschen, trocken schleudern und grob hacken. Maiskolben waschen und längs halbieren. Champignons trocken abreiben und in dicke Scheiben schneiden. Nudeln nach Packungsanweisung in Salzwasser garen, abgießen und kalt abschrecken. Eier in kochendem Wasser ca. 7 Minuten weich kochen, abschrecken und pellen.

3 Olivenöl in einem Topf auf hoher Stufe erhitzen und Hackfleisch darin krümelig braten. Chili-Knoblauch-Sauce zugeben und ca. 1 weitere Minute garen. Brühe durch ein Sieb zugeben und aufkochen. Grünkohl, Maiskolbenhälften und Champignonscheiben zugeben und 3–4 Minuten garen.

4 Eier halbieren. Nudeln auf 4 Teller verteilen, Suppe darübergeben und Eierhälften darauf verteilen. Ramen-Nudelsuppe mit restlichen Frühlingszwiebelringen bestreut servieren.

 **SmartPoints Wert** 1557 kJ | 372 kcal

So schmeckt's auch
Wenn du keinen Baby-Grünkohl bekommst, kannst du auch Blattspinat verwenden.

Scharfe Erbsensuppe mit Steakwürfeln

Für 2 Personen   Fertig in 35 Min.   Davon aktiv 20 Min.

350 g mehligkochende Kartoffeln
1 Zwiebel
1 kleine rote Chilischote
2 TL Rapsöl
500 ml Gemüsebrühe (2 TL Instantpulver)
150 g Erbsen (TK)
1 Rindersteak (à 150 g)
Salz, Pfeffer
1 EL gehackter Majoran

1 Kartoffeln schälen und würfeln. Zwiebel schälen und würfeln. Chilischote waschen, entkernen und in Ringe schneiden. 1 TL Öl in einem Topf auf mittlerer Stufe erhitzen, Zwiebelwürfel mit Chiliringen darin ca. 1 Minute anbraten, Kartoffelwürfel zufügen, mit Brühe ablöschen und ca. 20 Minuten köcheln lassen. Erbsen ca. 5 Minuten vor Ende der Garzeit zu den Kartoffeln geben und mitgaren. Erbsensuppe grob zerstampfen.

2 Steak trocken tupfen und in Würfel schneiden. Restliches Öl in einer Pfanne auf mittlerer bis hoher Stufe erhitzen, Steakwürfel darin ca. 5 Minuten rundherum braten und mit Salz und Pfeffer würzen. Majoran zur Suppe geben und Steakwürfel unterheben. Scharfe Erbsensuppe mit Salz und Pfeffer abschmecken und servieren.

7 **SmartPoints Wert**   1386 kJ | 333 kcal

Tortellini-Bohnen-Eintopf

Für 4 Personen   Fertig in 35 Min.   Davon aktiv 15 Min.

1 Zwiebel
2 Stangen Staudensellerie
2 Zucchini
1 rote Paprika
2 Knoblauchzehen
1 EL Olivenöl
400 g stückige Tomaten (Konserve)
750 ml Gemüsebrühe (3 1/2 TL Instantpulver)
1 Dose Borlotti Bohnen (255 g Abtropfgewicht)
400 g Tortellini mit Fleischfüllung (Frischprodukt)
Salz, Pfeffer
2 EL gehackte glatte Petersilie
2 EL geriebener Parmesan

1 Zwiebel schälen, Sellerie, Zucchini und Paprika waschen, Paprika entkernen und alles in Würfel schneiden. Knoblauch hacken.

2 Öl in einem Topf auf mittlerer Stufe erhitzen und Zwiebel- mit Selleriewürfeln darin ca. 5 Minuten dünsten. Paprika- mit Zucchiniwürfeln zufügen und weitere ca. 5 Minuten dünsten. Knoblauch dazugeben, mit Tomaten und Brühe ablöschen und mit Deckel ca. 10 Minuten köcheln lassen.

3 Bohnen abspülen und abtropfen lassen. Tortellini mit Bohnen dazugeben und auf niedriger bis mittlerer Stufe ca. 5 Minuten köcheln lassen. Tortellini-Bohnen-Eintopf mit Salz und Pfeffer abschmecken und mit Petersilie und Parmesan bestreut servieren.

9 **SmartPoints Wert**   1682 kJ | 402 kcal

Bretonische Zwiebelsuppe

Für 6 Personen   Fertig in 40 Min.   Davon aktiv 15 Min.

600 g große Zwiebeln
1 EL Olivenöl
1,2 Liter Gemüsebrühe
(5 1/2 TL Instantpulver)
1 Lorbeerblatt
6 Scheiben Vollkornbaguette
30 g geriebener Greyerzer,
45 % Fett i. Tr.
Salz, Pfeffer

1 Zwiebeln schälen und in feine Streifen schneiden. Öl in einem Topf auf mittlerer Stufe erhitzen, Zwiebelstreifen darin 5–8 Minuten dünsten und mit Brühe ablöschen. Lorbeerblatt zugeben und mit Deckel ca. 20 Minuten köcheln lassen.

2 Backofen mit Grillfunktion auf 240° C (Gas: Stufe 5, Umluft: 220° C) vorheizen. Baguette auf ein mit Backpapier ausgelegtes Backblech legen, mit Käse bestreuen und im Backofen auf mittlerer Schiene 1–2 Minuten grillen. Lorbeerblatt entfernen, Zwiebelsuppe mit Salz und Pfeffer würzen und mit Käsebaguette servieren.

3 **SmartPoints Wert**   632 kJ | 151 kcal

Gemüsesuppe mit Minzpesto

Für 4 Personen   Fertig in 50 Min.   Davon aktiv 25 Min.

30 g Minze
20 g Pistazienkerne
3 Knoblauchzehen
1 EL Zitronensaft
2 EL Olivenöl
500 ml Wasser
Salz, Pfeffer
1 Zwiebel
1 Karotte
250 g Butternutkürbis
2 Stangen Staudensellerie
1 Fenchelknolle
250 g Broccoli
55 g trockene Quinoa
750 ml Gemüsebrühe
(3 1/2 TL Instantpulver)

1. Minze waschen und trocken schütteln. Mit Pistazien, 1 Knoblauchzehe, Zitronensaft, 1 1/2 EL Öl und 2 EL Wasser zu einer groben Paste pürieren. Minzpesto mit Salz und Pfeffer abschmecken.

2. Zwiebel, Karotte und Kürbis schälen, Kürbis halbieren und Kerne mit einem Löffel entfernen. Sellerie und Fenchel waschen und alles in ca. 2 cm große Stücke schneiden. Broccoli waschen und in kleine Röschen teilen.

3. Restliches Öl in einem Topf auf mittlerer Stufe erhitzen und Zwiebel-, Karotten-, Sellerie- und Fenchelwürfel darin ca. 5 Minuten dünsten. Restlichen Knoblauch dazupressen und ca. 1 weitere Minute garen.

4. Kürbiswürfel mit Quinoa, Brühe und restlichem Wasser zugeben und auf mittlerer Stufe mit Deckel ca. 20 Minuten garen. Broccoliröschen zugeben und weitere ca. 3 Minuten garen. Gemüsesuppe mit Salz und Pfeffer abschmecken und mit Minzpesto servieren.

5 **SmartPoints Wert**   930 kJ | 222 kcal

Zucchinicremesuppe mit Mandelsahne

Für 2 Personen   Fertig in 30 Min.   Davon aktiv 10 Min.

500 g Zucchini
1 Zwiebel
1 Knoblauchzehe
1 TL Olivenöl
500 ml Gemüsebrühe
(2 TL Instantpulver)
Salz, Pfeffer
1 EL Mandelblättchen
50 ml Cremefine zum
Aufschlagen, 19 % Fett
1 TL gehackte Petersilie

1. Zucchini waschen und in Stücke schneiden. Zwiebel schälen und würfeln. Knoblauch pressen. Öl in einem Topf auf mittlerer Stufe erhitzen und Zucchinistücke, Zwiebelwürfel und Knoblauch darin ca. 5 Minuten andünsten. Mit Brühe ablöschen und ca. 15 Minuten köcheln lassen.

2. Suppe pürieren und mit Salz und Pfeffer abschmecken. Mandelblättchen fettfrei in einer Pfanne auf mittlerer Stufe 2–3 Minuten rösten. Cremefine steif schlagen. Zucchinicremesuppe mit Cremefine, Mandelblättchen und Petersilie garniert servieren.

4   **SmartPoints Wert**   704 kJ | 168 kcal

Toskanischer Fischeintopf

Für 4 Personen   Fertig in 35 Min.   Davon aktiv 25 Min.

1 kleine rote Zwiebel
4 Knoblauchzehen
150 g Riesengarnelen mit Schale
300 g Seeteufelfilet
250 g Rotbarschfilet
2 TL Olivenöl
2 EL gehackter Salbei
3 EL gehackte Petersilie
1 TL Chiliflocken
2 EL Tomatenmark
400 g stückige Tomaten (Konserve)
850 ml Fischbrühe (4 TL Instantpulver)
4 Scheiben Ciabatta
1 TL abgeriebene unbehandelte Zitronenschale

1 Zwiebel schälen und fein würfeln. 3 Knoblauchzehen pressen. Garnelen, Seeteufel- und Rotbarschfilet abspülen, trocken tupfen und Fischfilets jeweils in große Stücke schneiden.

2 Öl in einer großen Pfanne auf mittlerer Stufe erhitzen und Zwiebelwürfel mit Knoblauch, Salbei, 2 EL Petersilie und Chiliflocken darin unter Rühren 5–8 Minuten dünsten. Tomatenmark dazugeben und kurz anschwitzen.

3 Tomaten und Brühe in die Pfanne geben und aufkochen. Seeteufelstücke dazugeben und auf niedriger Stufe ca. 5 Minuten garen. Rotbarschstücke und Garnelen zufügen und weitere ca. 5 Minuten garen.

4 Ciabatta rösten. Restlichen Knoblauch schälen, halbieren und Ciabatta mit den Schnittflächen abreiben. Fischeintopf mit restlicher Petersilie und Zitronenschale bestreuen. Toskanischen Fischeintopf mit Ciabatta servieren.

3 **SmartPoints Wert**   1256 kJ | 300 kcal

Köstliche Suppen & Eintöpfe

Rote-Bete-Suppe

Für 2 Personen   Fertig in 30 Min.   Davon aktiv 15 Min.

1 kleine Petersilienwurzel
1 Zwiebel
1 Karotte
1 TL Rapsöl
750 ml Gemüsebrühe
(3 1/2 TL Instantpulver)
3 EL Weißweinessig
2 vorgegarte Rote Bete
(vakuumverpackt)
2 TL Zitronensaft
Salz, Pfeffer
2 EL Magermilchjoghurt
2 TL gehackte Petersilie
4 Scheiben Pumpernickel

1 Petersilienwurzel, Zwiebel und Karotte schälen und würfeln. Öl in einem Topf auf mittlerer Stufe erhitzen und Petersilienwurzel-, Zwiebel- und Karottenwürfel darin 2–3 Minuten anbraten. Mit Brühe ablöschen, mit Essig verfeinern und mit Deckel ca. 15 Minuten köcheln lassen.

2 Rote Bete würfeln, zur Suppe geben und kurz erwärmen. Suppe fein pürieren, mit Zitronensaft verfeinern und mit Salz und Pfeffer abschmecken. Rote-Bete-Suppe mit Joghurt und Petersilie garnieren und mit Pumpernickel servieren.

7 **SmartPoints Wert**   1307 kJ | 312 kcal

Deftige Krautsuppe mit Kasseler

Für 4 Personen   Fertig in 35 Min.   Davon aktiv 15 Min.

400 g mehligkochende Kartoffeln
1 Gemüsezwiebel
400 g Kasselerfleisch
1 Dose Sauerkraut (770 g Abtropfgewicht)
1 TL Rapsöl
1 Lorbeerblatt
3 Wacholderbeeren
500 ml Gemüsebrühe (2 TL Instantpulver)
1 TL gehackter Majoran
1 EL gehackter Liebstöckel
Salz, Pfeffer
2 EL saure Sahne

1 Kartoffeln und Zwiebel schälen und in Würfel schneiden. Kasseler abspülen, trocken tupfen und würfeln. Sauerkraut abtropfen lassen.

2 Öl in einem Topf auf mittlerer Stufe erhitzen, Zwiebelwürfel, Sauerkraut, Lorbeerblatt und Wacholderbeeren darin 3–5 Minuten andünsten und mit Brühe aufgießen. Kartoffel- und Kasselerwürfel zufügen und Suppe ca. 20 Minuten köcheln lassen.

3 Lorbeerblatt und Wacholderbeeren aus der Suppe entfernen. Krautsuppe mit Majoran und Liebstöckel verfeinern, mit Salz und Pfeffer abschmecken und mit saurer Sahne garniert servieren.

5 **SmartPoints Wert**   1278 kJ | 306 kcal

Blumenkohlsuppe mit Jakobsmuscheln und Speck

Für 6 Personen   Fertig in 40 Min.   Davon aktiv 20 Min.

1 große Zwiebel
1 kg Blumenkohl
2 TL Rapsöl
2 Knoblauchzehen
800 ml Gemüsebrühe
(4 TL Instantpulver)
200 ml fettarme Milch
6 Scheiben Speck
6 Jakobsmuscheln
Salz, Pfeffer
150 g Crème légère
2 EL gehackte glatte Petersilie

1. Zwiebel schälen und fein würfeln. Blumenkohl waschen und in Röschen teilen. 1 TL Öl in einem Topf auf mittlerer Stufe erhitzen und Zwiebelwürfel darin ca. 5 Minuten dünsten. Blumenkohlröschen zugeben und auf hoher Stufe 3–4 Minuten braten. Knoblauch dazupressen und ca. 1 weitere Minute garen. Mit Brühe ablöschen und aufkochen. Milch zugeben und auf niedriger Stufe 12–15 Minuten garen.

2. Backofen auf 200° C (Gas: Stufe 3, Umluft: 180° C) vorheizen. Speck auf einem mit Backpapier ausgelegten Backblech verteilen, im Backofen auf mittlerer Schiene ca. 5 Minuten knusprig backen und in kleine Stücke brechen. Jakobsmuscheln abspülen und trocken tupfen. Restliches Öl in einer Pfanne auf mittlerer Stufe erhitzen und Jakobsmuscheln darin 1–2 Minuten von jeder Seite braten.

3. Suppe pürieren, mit Salz und Pfeffer abschmecken und mit 130 g Crème légère verfeinern. Blumenkohlsuppe mit restlicher Crème légère, Jakobsmuscheln und Speck anrichten, mit Petersilie bestreuen und servieren.

6   **SmartPoints Wert**   917 kJ | 219 kcal

Löffelglück

Köstliche Suppen & Eintöpfe 55

0-Punkte-Minestrone

Für 1 Person   Fertig in 25 Min.   Davon aktiv 15 Min.

150 g Knollensellerie
1 Karotte
1 Stange Lauch
1 Knoblauchzehe
50 ml Tomatensaft
400 ml Gemüsebrühe
(2 TL Instantpulver)
1 kleine Zucchini
Salz, Pfeffer
1 EL gehacktes Basilikum

1 Sellerie und Karotte schälen. Sellerie würfeln und Karotte in Scheiben schneiden. Lauch waschen und in Ringe schneiden. Knoblauch pressen.

2 Gemüse fettfrei in einem Topf auf niedriger bis mittlerer Stufe andünsten. Mit Tomatensaft und Brühe ablöschen und ca. 15 Minuten köcheln lassen.

3 Zucchini waschen, würfeln und ca. 10 Minuten vor Ende der Garzeit zugeben. Minestrone mit Salz und Pfeffer abschmecken und mit Basilikum garniert servieren.

0   **SmartPoints Wert**   763 kJ | 182 kcal

Für heiße Tage
Im Sommer schmeckt die Suppe super, wenn du sie pürierst, abkühlen lässt und als Gazpacho servierst.

Grundrezepte für mehr Genuss

Suppen und Curries stehen quick & easy auf dem Tisch. Wir zeigen dir jeweils ein gutes Grundrezept, aus dem du nach Lust und Laune neue, leckere Gerichte kochen kannst.

Gemüsefond (für 12 Portionen à 100 ml)

4 Zweige Thymian, 2 Zwiebeln in Vierteln, 1 Stange Lauch in groben Ringen, 100 g Knollensellerie und 2 Karotten in Stücken mit 2 Pimentkörnern, 1 Lorbeerblatt, Salz und Pfeffer in 2 Litern Wasser aufkochen und auf niedriger Stufe 25–30 Minuten köcheln lassen.

Gemüsefond durch ein Sieb gießen und zum Konservieren entweder den abgekühlten Fond portionsweise einfrieren oder den heißen Fond in sterilisierte Konservengläser mit Schraubverschluss abfüllen, verschließen und umgedreht auskühlen lassen. So ist der Fond im Kühlschrank mehrere Wochen haltbar.

Später einfach die gewünschte Menge Fond aus dem Tiefkühler oder Kühlschrank nehmen und mit Zutaten deiner Wahl eine Suppe zaubern.

Taste it!

Beim Fondkochen sind deiner Kreativität keine Grenzen gesetzt. Du kannst viele verschiedene Gemüsesorten verwenden, auch Schalen oder Reste sind perfekt geeignet. Probiere doch mal Pilze, Petersilienwurzel oder auch Tomate.

Selfmade grüne Thai-Currypaste (für 4 Personen)

4 Schalotten, 4 Knoblauchzehen, 2–3 grüne Chilischoten, 5 cm frischer Ingwer und 3 Stängel Zitronengras in groben Stücken mit Saft und Schale von 1 unbehandelten Limette, 1 Handvoll frischem Koriander oder Thai-Basilikum, 4 TL Fischsauce und 1/2 TL Pfeffer pürieren und nach Wunsch weiter verwenden.

Für Curries gibt es, ähnlich wie für Fonds, ein Grundrezept, das sich immer wieder anders zubereiten lässt. Bestandteil sind zahlreiche Gewürze, verschiedene Gemüsesorten und nach Wunsch Fleisch oder Fisch, gekocht in einer sämigen Sauce. Als Flüssigkeit werden meist Kokosmilch und Brühe bzw. Fond verwendet. Dazu schmecken Reis oder Naan-Brot.

Aha!

Im Kühlschrank hält sich die Currypaste ein paar Tage, du kannst sie aber auch einfrieren.

Angesagte Curries, Risotti & Bowls

Limetten-Avocado-Risotto mit Schafskäse

Für 4 Personen   Fertig in 45 Min.   Davon aktiv 45 Min.

2 Schalotten
1 Knoblauchzehe
1 unbehandelte Limette
1 TL Olivenöl
200 g trockener Risottoreis
50 ml trockener Weißwein
600 ml heiße Gemüsebrühe
(2 1/2 TL Instantpulver)
2 EL gehackte Petersilie
2 EL gehackte Minze
2 TL gehackter Thymian
Salz, Pfeffer
120 g Avocadofruchtfleisch
100 g Schafskäse,
25 % Fett i. Tr.

1 Schalotten schälen und fein würfeln. Knoblauch pressen. 1 TL Limettenschale abreiben und Limette auspressen. Öl in einem Topf auf mittlerer bis hoher Stufe erhitzen und Schalottenwürfel darin 3–4 Minuten andünsten. Reis dazugeben und ca. 2 Minuten mitdünsten.

2 Mit Wein und Brühe ablöschen, bis die Reiskörner knapp bedeckt sind und auf niedriger bis mittlerer Stufe 25–30 Minuten köcheln lassen, dabei regelmäßig Brühe nachgießen. Risotto mit Petersilie, Minze, Thymian und Limettenschale verfeinern und mit Salz und Pfeffer abschmecken.

3 Avocadofruchtfleisch mit 2 EL Limettensaft pürieren und unter das Risotto rühren. Schafskäse über das Risotto bröseln und Limetten-Avocado-Risotto servieren.

Dazu passt …

… eine Pflücksalatmischung (125 g) mit einem Brombeerdressing für 0 SmartPoints. Dafür 125 g Brombeeren mit 75 ml Gemüsebrühe (1/4 TL Instantpulver), 1 Prise Zucker und 1 EL Rotweinessig pürieren und mit Salz und Pfeffer abschmecken.

Feurige Chili-Mais-Bowl

Für 4 Personen   Fertig in 25 Min.   Davon aktiv 25 Min.

160 g trockener Langkornreis
Salz, Pfeffer
6 Tomaten
1 kleine rote Chilischote
1 Dose Mais
(285 g Abtropfgewicht)
1 TL Olivenöl
400 g Tatar
1 Knoblauchzehe
1 EL Tomatenmark
1/2 TL Kreuzkümmel
4 Stängel Koriander
200 g Magermilchjoghurt
40 g Tortilla Chips

1 Reis nach Packungsanweisung in Salzwasser garen. Tomaten waschen und würfeln. Chilischote waschen, entkernen und in Ringe schneiden. Mais abgießen.

2 Öl in einer Pfanne auf hoher Stufe erhitzen, Tatar darin krümelig anbraten, Knoblauch dazupressen, Tomatenmark dazugeben und mit Salz, Pfeffer und Kreuzkümmel würzen. Die Hälfte der Tomatenwürfel dazugeben und ca. 5 Minuten köcheln lassen.

3 Für den Dip Koriander waschen, trocken schütteln und hacken. Koriander mit Joghurt und einigen Chiliringen verrühren und mit Salz und Pfeffer würzen.

4 Tatar mit Reis, restlichen Tomatenwürfeln, Mais und Koriander-Chili-Dip jeweils separat in einer Schüssel anrichten und mit Tortilla Chips und restlichen Chiliringen bestreuen. Chili-Mais-Bowl servieren.

 **8 SmartPoints Wert**   1813 kJ | 433 kcal

Indisches Fisch-Kartoffel-Curry

Für 4 Personen   Fertig in 50 Min.   Davon aktiv 25 Min.

2 Zwiebeln
200 g Zuckererbsenschoten
2 Tomaten
500 g mehligkochende Kartoffeln
3 Knoblauchzehen
1 Stück Ingwer (ca. 3 cm)
1 rote Chilischote
500 g Zanderfilet
einige frische Curryblätter
1 EL Rapsöl
je 1 EL gemahlener Kreuzkümmel und Koriander
1 EL Kurkuma
400 ml fettreduzierte Kokosmilch
2 EL gehackter Koriander
200 g griechischer Joghurt, bis 0,2 % Fett

1 Zwiebeln schälen und in Streifen schneiden. Zuckererbsenschoten waschen und diagonal halbieren. Tomaten kreuzweise einschneiden, mit kochendem Wasser überbrühen, häuten und Tomaten reiben. Kartoffeln schälen und in ca. 2 cm große Würfel schneiden. Knoblauch hacken. Ingwer schälen und reiben. Chilischote waschen, entkernen und in Ringe schneiden.

2 Zanderfilet abspülen, trocken tupfen und in ca. 3 cm große Würfel schneiden. Curryblätter waschen und trocken schütteln. Öl in einem Topf auf mittlerer Stufe erhitzen, Zwiebelstreifen mit Curryblättern darin ca. 4 Minuten dünsten, Knoblauch, Ingwer, Kreuzkümmel, Koriander und Kurkuma zufügen und kurz mitdünsten. Mit Kokosmilch und Tomaten ablöschen, Kartoffelwürfel unterrühren und mit Deckel ca. 15 Minuten köcheln lassen.

3 Zanderfiletwürfel mit Zuckererbsenschotenhälften zugeben und weitere ca. 5 Minuten köcheln lassen. Fisch-Kartoffel-Curry mit Salz und Pfeffer abschmecken und mit Chiliringen, Koriander und Joghurt verfeinert servieren.

10 SmartPoints Wert   1834 kJ | 438 kcal

Typisch asiatisch
Curryblätter schmecken aromatisch-scharf und verfeinern viele Curries. Du erhältst sie in gut sortierten Asia-Läden.

Fenchelrisotto mit Räucherlachs

Für 4 Personen   Fertig in 45 Min.   Davon aktiv 30 Min.

1 rote Zwiebel
1 Fenchelknolle
1 TL Olivenöl
200 g trockener Risottoreis
800 ml heiße Gemüsebrühe
(4 TL Instantpulver)
1 EL Weißweinessig
4 Scheiben Räucherlachs
(à 50 g)
1 unbehandelte Orange
Salz, Pfeffer

1. Zwiebel schälen und fein würfeln. Fenchel waschen, halbieren, den Strunk entfernen und Fenchel in feine Streifen schneiden. Fenchelgrün zur Seite stellen. Öl in einem Topf auf mittlerer bis hoher Stufe erhitzen und Zwiebelwürfel mit Fenchelstreifen darin 3–4 Minuten andünsten. Reis dazugeben und ca. 2 Minuten mitdünsten.

2. Mit Brühe und Essig ablöschen, bis die Reiskörner knapp bedeckt sind und auf niedriger bis mittlerer Stufe 25–30 Minuten köcheln lassen, dabei regelmäßig Brühe nachgießen. Lachs in Streifen schneiden.

3. Fenchelgrün hacken. 1 TL Orangenschale abreiben und Orange auspressen. Risotto mit Salz und Pfeffer abschmecken, mit Lachsstreifen, Fenchelgrün, Orangenschale und -saft verfeinern und Fenchelrisotto servieren.

5 **SmartPoints Wert**   1392 kJ | 333 kcal

Gemüsecurry mit Tofu

Für 4 Personen   Fertig in 50 Min.   Davon aktiv 25 Min.

250 g Tofu
1 große rote Zwiebel
2 Karotten
3 Knoblauchzehen
1 Stück Ingwer (ca. 2 cm)
einige frische Curryblätter
1 EL Olivenöl
1 TL Kurkuma
2 TL Senfsaat
370 ml Gemüsebrühe
(2 TL Instantpulver)
100 ml fettreduzierte
Kokosmilch
350 g Butternutkürbis
300 g Broccoli
1 Dose Kidneybohnen
(255 g Abtropfgewicht)
einige Stängel Koriander

1   Tofu in 8 Scheiben schneiden. Zwiebel schälen und in Streifen schneiden. Karotten schälen, längs halbieren und in dünne Scheiben schneiden. Knoblauch pressen. Ingwer schälen und reiben. Curryblätter waschen und trocken schütteln.

2   Öl in einer großen Pfanne auf mittlerer bis hoher Stufe erhitzen, Tofuscheiben darin 1–2 Minuten von jeder Seite braten, herausnehmen und in 16 Streifen schneiden. Zwiebelstreifen und Karottenscheiben im Bratensatz auf mittlerer Stufe ca. 5 Minuten dünsten. Knoblauch, Ingwer, Kurkuma, Senfsaat und Curryblätter zufügen und ca. 1 weitere Minute garen.

3   Mit Brühe und Kokosmilch ablöschen und aufkochen. Kürbis schälen, halbieren, Kerne mit einem Löffel entfernen und Kürbis in kleine Würfel schneiden. Kürbiswürfel mit Tofustreifen zugeben und Curry auf niedriger Stufe mit Deckel 8–10 Minuten garen.

4   Broccoli waschen und in kleine Röschen teilen. Kidneybohnen abspülen und abtropfen lassen, mit Broccoliröschen zum Curry geben und mit Deckel weitere ca. 5 Minuten garen. Koriander waschen und trocken schütteln. Tofucurry mit Koriander garniert servieren.

   SmartPoints Wert   1346 kJ | 322 kcal

Das passt dazu
Serviere das Curry mit je 1 Naan-Brot pro Person oder gare 180 g trockenen Naturreis nach Packungsanweisung. Der SmartPoints Wert erhöht sich jeweils auf 7.

Angesagte Curries, Risotti & Bowls

Warme Quinoa-Bowl mit Spiegelei

Für 4 Personen   Fertig in 20 Min.   Davon aktiv 20 Min.

500 g vorgegarte Rote Bete (vakuumverpackt)
200 g trockene bunte Quinoa
Salz, Pfeffer
1 Bund Radieschen
50 g Sprossen-Mix
50 g Baby-Blattspinat
1 gelbe Paprika
1 TL Rapsöl
4 Eier (Größe M)
4 EL Wasser
2 EL Zitronensaft
1 EL Orangensaft
1 EL Weißweinessig
1 TL körniger Senf
2 EL Schnittlauchringe

1. Rote Bete würfeln. Quinoa mit 200 g Rote-Bete-Würfeln nach Packungsanweisung in Salzwasser garen. Radieschen waschen und in dünne Scheiben hobeln. Sprossen-Mix waschen und abtropfen lassen. Spinat waschen und trocken schleudern. Paprika waschen, entkernen und in dünne Streifen schneiden.

2. Öl in einer Pfanne auf niedriger bis mittlerer Stufe erhitzen, Eier als Spiegeleier darin 5–8 Minuten braten und mit Salz und Pfeffer würzen. Für das Dressing Wasser mit Zitronen- und Orangensaft, Essig, Senf und Schnittlauch verrühren und mit Salz und Pfeffer würzen.

3. Quinoa mit Radieschenscheiben, restlichen Rote-Bete-Würfeln, Paprikastreifen und Spinat jeweils separat in einer Schüssel anrichten und mit Dressing beträufeln. Jeweils 1 Spiegelei mittig platzieren und Quinoa-Bowl mit Sprossen-Mix bestreut servieren.

5   **SmartPoints Wert**   1523 kJ | 365 kcal

Naturreis mit orientalischem Lammcurry

Für 2 Personen   Fertig in 45 Min.   Davon aktiv 20 Min.

300 g Lammfilet
2 Zwiebeln
3 Karotten
200 g grüne Bohnen
120 g trockener Naturreis
Salz, Pfeffer
2 TL Sesamöl
1 TL Zimt
400 ml Gemüsebrühe
(2 TL Instantpulver)
1 TL Kurkuma
1 TL Kreuzkümmel
1 TL gemahlener Koriander
1 EL gehackter Koriander

1. Lammfilet trocken tupfen und in Stücke schneiden. Zwiebeln schälen und in Streifen schneiden. Karotten schälen und würfeln. Grüne Bohnen waschen und in Stücke schneiden. Reis nach Packungsanweisung in Salzwasser garen.

2. Öl in einem Topf auf hoher Stufe erhitzen, Lammfiletstücke darin 3–4 Minuten rundherum braten, mit Salz, Pfeffer und Zimt würzen und herausnehmen. Zwiebelstreifen im Bratensatz 2–3 Minuten anbraten, Karottenwürfel dazugeben, kurz mitbraten, mit Brühe ablöschen und auf mittlerer Stufe 10–15 Minuten köcheln lassen.

3. Bohnenstücke dazugeben und 8–10 Minuten mitgaren. Lammfiletstücke dazugeben, mit Salz, Pfeffer, Kurkuma, Kreuzkümmel und gemahlenem Koriander würzen, mit gehacktem Koriander verfeinern und orientalisches Lammcurry mit Naturreis servieren.

Ofenrisotto mit mediterranem Gemüse

Für 4 Personen   Fertig in 50 Min.   Davon aktiv 25 Min.

2 getrocknete Tomaten ohne Öl
550 ml Gemüsebrühe (2 TL Instantpulver)
1 Zweig Rosmarin
1 Zweig Thymian
200 g trockener Risottoreis
Salz, Pfeffer
2 rote Paprika
1 Aubergine
1 große Zucchini
1 rote Zwiebel
1 TL Olivenöl
1 TL getrockneter Oregano
50 g Crème légère

1 Tomaten ca. 10 Minuten in 50 ml heißer Brühe einweichen. Backofen auf 180° C (Gas: Stufe 2, Umluft: 160° C) vorheizen. Rosmarin und Thymian waschen, trocken schütteln und hacken. Tomaten abtropfen lassen und würfeln.

2 Reis mit 400 ml Brühe, Thymian, Rosmarin und Tomatenwürfeln in einer Auflaufform (ca. 25 x 30 cm) verrühren, mit Salz und Pfeffer würzen und mit Alufolie abgedeckt im Backofen auf mittlerer Schiene 30–35 Minuten garen, dabei nach der Hälfte der Garzeit umrühren.

3 Paprika waschen, entkernen und würfeln. Aubergine und Zucchini waschen, längs halbieren und in Scheiben schneiden. Zwiebel schälen und in Streifen schneiden.

4 Öl in einer Pfanne auf mittlerer bis hoher Stufe erhitzen, Paprikawürfel, Auberginen-, Zucchinischeiben und Zwiebelstreifen darin 6–8 Minuten braten, mit restlicher Brühe ablöschen, mit Salz und Pfeffer würzen und mit Oregano verfeinern. Ofenrisotto mit Crème légère verfeinern, mediterranes Gemüse unterheben, mit Salz und Pfeffer abschmecken und Ofenrisotto servieren.

6 SmartPoints Wert   1201 kJ | 287 kcal

Chili-Chicken-Bowl mit Bohnen

Für 4 Personen**Fertig in 30 Min.****Davon aktiv 15 Min.**

400 g Hähnchenbrustfilet
Salz, Pfeffer
1 große rote Zwiebel
2 Zucchini
1 TL Rapsöl
1 TL Chilipulver
400 g stückige Tomaten (Konserve)
1 EL Tomatenmark
80 ml Wasser
1 Dose Kidneybohnen (255 g Abtropfgewicht)
160 g Mais (TK)
80 g fettarmer Joghurt

1 Hähnchenbrustfilet abspülen, trocken tupfen und in siedendem Salzwasser auf niedriger bis mittlerer Stufe 10–15 Minuten gar ziehen lassen. Hähnchenbrustfilet abtropfen lassen und in Stücke schneiden. Zwiebel schälen und fein würfeln. Zucchini waschen und in Würfel schneiden.

2 Öl in einer Pfanne auf mittlerer Stufe erhitzen und Zwiebelwürfel darin ca. 5 Minuten dünsten. Chilipulver zufügen und ca. 1 weitere Minute dünsten. Tomaten mit Tomatenmark und Wasser untermischen und aufkochen.

3 Kidneybohnen abspülen und abtropfen lassen. Mit Mais, Hähnchen- und Zucchiniwürfeln unter die Tomaten heben und auf mittlerer Stufe ca. 5 Minuten köcheln lassen. Chili-Chicken-Bowl mit Salz und Pfeffer abschmecken und mit Joghurt und nach Wunsch mit Koriander garniert servieren.

1**SmartPoints Wert**1168 kJ | 279 kcal

Pestorisotto mit Tomaten

Für 2 Personen   Fertig in 40 Min.   Davon aktiv 40 Min.

1 Zwiebel
1 Knoblauchzehe
400 g Cocktailtomaten
1/2 Bund Basilikum
400 ml Gemüsebrühe
(2 TL Instantpulver)
2 EL geriebener Parmesan
1 TL Mandelmus
Salz, Pfeffer
1 TL Olivenöl
110 g trockener Risottoreis

1. Zwiebel schälen und würfeln. Knoblauch pressen. Tomaten waschen und halbieren. Für das Pesto Basilikum waschen, trocken schütteln und mit 3 EL Brühe, 1 EL Parmesan, Mandelmus, Salz und Pfeffer pürieren.

2. Öl in einem Topf auf mittlerer Stufe erhitzen und Zwiebelwürfel mit Knoblauch und Reis darin ca. 5 Minuten glasig dünsten. Mit etwas Brühe ablöschen, bis die Reiskörner knapp bedeckt sind und auf niedriger Stufe 20–25 Minuten garen, dabei unter Rühren regelmäßig restliche Brühe nachgießen.

3. Tomaten mit Pesto unter das Risotto heben, mit Salz und Pfeffer abschmecken und mit restlichem Parmesan verfeinern. Pestorisotto servieren.

8 **SmartPoints Wert**   1362 kJ | 326 kcal

Try it veggie
Bei Parmesan gibt es einige Sorten, die ohne tierisches Lab hergestellt werden. Diesen Käse kannst du für die Veggie-Variante nutzen.

Chiligarnelen-Chorizo-Bowl

Für 4 Personen   Fertig in 35 Min.   Davon aktiv 15 Min.

200 g trockener Naturreis
400 ml Gemüsebrühe
(2 TL Instantpulver)
25 g Chorizo
200 g küchenfertige Garnelen
1 Knoblauchzehe
1 rote Chilischote
1 Salatgurke
2 TL Olivenöl
2 EL gehackte glatte Petersilie

1 Reis nach Packungsanweisung in Brühe statt Salzwasser garen. Chorizo würfeln. Garnelen abspülen und trocken tupfen. Knoblauch in feine Scheiben schneiden. Chilischote waschen, entkernen und hacken. Gurke schälen, längs halbieren, Kerne mit einem Löffel entfernen und Gurke in Stifte schneiden.

2 Öl in einer Pfanne auf mittlerer Stufe erhitzen und Chorizowürfel darin ca. 1 Minute anbraten. Garnelen zugeben und weitere 1–2 Minuten braten. Knoblauchscheiben und Chili zufügen und ca. 2 Minuten mitbraten.

3 Reis und 1 EL Petersilie unter die Garnelen-Chorizo-Mischung heben. Mit Gurkensticks und restlicher Petersilie garniert servieren.

7 **SmartPoints Wert**   1209 kJ | 289 kcal

Schnelles Thai-Curry mit Mie-Nudeln

Für 2 Personen   Fertig in 25 Min.   Davon aktiv 20 Min.

1 Knoblauchzehe
je 1 rote und gelbe Paprika
1 Zucchini
4 Frühlingszwiebeln
1 TL Erdnussöl
1 EL rote Curry-Würzpaste
120 g trockene Mie-Nudeln
Salz
100 ml Gemüsebrühe
(1/2 TL Instantpulver)
75 ml fettreduzierte Kokosmilch
1/2 TL Chilipulver
1 EL gehackter Koriander

1. Knoblauch pressen. Paprika mit Zucchini waschen, Paprika entkernen und beides in feine Streifen schneiden. Frühlingszwiebeln waschen und schräg in Ringe schneiden.

2. Öl in einer Pfanne auf mittlerer bis hoher Stufe erhitzen und Knoblauch mit Currypaste darin 2–3 Minuten anschwitzen. Paprika- und Zucchinistreifen dazugeben und ca. 5 Minuten mitbraten. Mie-Nudeln nach Packungsanweisung in Salzwasser garen.

3. Gemüse mit Brühe und Kokosmilch ablöschen und 2–3 Minuten köcheln lassen. Mie-Nudeln abgießen und unter das Gemüse heben. Thai-Curry mit Salz und Chilipulver würzen und mit Koriander und Frühlingszwiebelringen bestreut servieren.

10 **SmartPoints Wert**   1716 kJ | 410 kcal

Angesagte Curries, Risotti & Bowls

Hähnchen-Mango-Curry

Für 4 Personen   Fertig in 40 Min.   Davon aktiv 15 Min.

1 Zwiebel
1 Stück Ingwer (ca. 2 cm)
4 Knoblauchzehen
1 grüne Chilischote
1 Mango
einige frische Curryblätter
450 g Hähnchenbrustfilet
200 g trockener Basmatireis
Salz
3 TL Olivenöl
1 TL Fenchelsamen
1/2 TL Bockshornkleesamen
1 TL Schwarzkümmelsamen
1 TL gemahlener Koriander
1/2 TL Kurkuma
200 ml fettreduzierte Kokosmilch
250 ml Gemüsebrühe
(1 TL Instantpulver)
1 TL Limettensaft

1 Zwiebel schälen und würfeln. Ingwer schälen und mit Knoblauch fein hacken. Chilischote waschen, entkernen und in Ringe schneiden. Mango schälen und das Fruchtfleisch in Spalten vom Stein schneiden. Curryblätter waschen und trocken schütteln. Hähnchenbrustfilet abspülen, trocken tupfen und in Würfel schneiden. Reis nach Packungsanweisung in Salzwasser garen.

2 2 TL Öl in einem Topf auf mittlerer Stufe erhitzen, Hähnchenbrustwürfel darin ca. 5 Minuten rundherum anbraten, salzen und herausnehmen. Restliches Öl im Bratensatz auf mittlerer Stufe erhitzen und Zwiebelwürfel darin glasig dünsten. Ingwer, Knoblauch, die Hälfte der Chiliringe, Fenchel-, Bockshornklee- und Schwarzkümmelsamen, Koriander, Kurkuma und Curryblätter zufügen und ca. 3 Minuten mitdünsten.

3 Mit Kokosmilch und Brühe ablöschen, Mangospalten mit Hähnchenbrustwürfeln unterrühren, ca. 10 Minuten köcheln lassen und mit Limettensaft verfeinern. Hähnchen-Mango-Curry mit Salz abschmecken, mit restlichen Chiliringen garnieren und mit Reis servieren.

9 **SmartPoints Wert**   2031 kJ | 486 kcal

Pilzrisotto mit Spinat und Parmesan

Für 4 Personen   Fertig in 40 Min.   Davon aktiv 35 Min.

10 g getrocknete Wildpilze (z. B. Steinpilze, Pfifferlinge)
1 Liter heiße Gemüsebrühe (4 1/2 TL Instantpulver)
1 rote Zwiebel
2 TL Olivenöl
2 Knoblauchzehen
300 g trockener Risottoreis
500 g gemischte Pilze (z. B. Austern- und Shiitakepilze)
150 g Baby-Blattspinat
Salz, Pfeffer
2 EL geriebener Parmesan

1 Getrocknete Pilze ca. 5 Minuten in Brühe einweichen. Zwiebel schälen und würfeln. 1 TL Öl in einem Topf auf mittlerer Stufe erhitzen, Zwiebelwürfel darin ca. 2 Minuten dünsten, Knoblauch dazupressen, Reis dazugeben und weitere ca. 2 Minuten dünsten. Mit Brühe samt Pilzen ablöschen, bis die Reiskörner knapp bedeckt sind und auf niedriger bis mittlerer Stufe 25–30 Minuten köcheln lassen, dabei regelmäßig Brühe nachgießen.

2 Pilze trocken abreiben und in Stücke schneiden. Spinat waschen und trocken schleudern. Restliches Öl in einer Pfanne auf mittlerer Stufe erhitzen, Pilzstücke darin ca. 10 Minuten dünsten und mit Salz und Pfeffer würzen. Pilzstücke mit Spinat unter das Risotto rühren, mit Parmesan verfeinern und mit Salz und Pfeffer abschmecken. Pilzrisotto mit Spinat und Parmesan servieren.

9 SmartPoints Wert   1475 kJ | 352 kcal

Rotes Paprika-Kürbis-Curry

Für 4 Personen   Fertig in 40 Min.   Davon aktiv 25 Min.

1 rote Zwiebel
2 rote Paprika
1/2 Butternutkürbis
(ca. 600 g)
1 unbehandelte Limette
4 Stängel Koriander
1 TL Rapsöl
2 EL rote Curry-Würzpaste
400 ml Gemüsebrühe
(2 TL Instantpulver)
200 ml fettreduzierte
Kokosmilch
4 Naan-Brote

1 Zwiebel schälen und in Streifen schneiden. Paprika waschen, entkernen und in Stücke schneiden. Kürbis schälen, halbieren, Kerne mit einem Löffel entfernen und Kürbis würfeln. Limettenschale abreiben und Limette auspressen. Koriander waschen, trocken schütteln und eine Hälfte grob hacken. Öl in einem Topf auf mittlerer Stufe erhitzen, Paprikastücke mit Zwiebelstreifen und Kürbiswürfeln darin ca. 5 Minuten andünsten.

2 Currypaste zufügen, mit Brühe und Kokosmilch ablöschen und ca. 15 Minuten mit Deckel köcheln lassen. Mit Limettenschale, -saft und Koriander verfeinern. Naan-Brote nach Packungsanweisung erwärmen. Paprika-Kürbis-Curry mit Naan-Broten servieren.

9 **SmartPoints Wert**   1506 kJ | 360 kcal

Puten-Fajita-Bowl

Für 4 Personen   Fertig in 50 Min.   Davon aktiv 20 Min.

2 rote Zwiebeln
je 1 gelbe und rote Paprika
100 g Cocktailtomaten
200 g trockener Basmatireis
Salz, Pfeffer
400 g Putenschnitzel
3 EL Limettensaft
1 1/2 EL Fajita-Gewürz-
mischung
200 g schwarze Bohnen
(Konserve)
3 EL gemischte Kräuter (TK)
Salz, Pfeffer
1 EL Olivenöl

1 Zwiebeln schälen, eine Zwiebel in Würfel, die andere in Spalten schneiden. Paprika waschen, entkernen und in Streifen schneiden. Tomaten waschen und in Stücke schneiden.

2 Reis nach Packungsanweisung in Salzwasser garen. Putenschnitzel abspülen, trocken tupfen und in Streifen schneiden. Für die Marinade 2 EL Limettensaft mit Fajita-Gewürzmischung verrühren. Putenschnitzelstreifen mit Zwiebelspalten, Paprikastreifen und der Marinade in einen Gefrierbeutel geben, vorsichtig verkneten und im Kühlschrank ca. 15 Minuten marinieren.

3 Für die Salsa Zwiebelwürfel mit schwarzen Bohnen, Tomatenstücken, restlichem Limettensaft und 1 EL Kräutern verrühren und mit Salz und Pfeffer würzen. Öl in einer Pfanne auf hoher Stufe erhitzen und Puten-Gemüse-Mischung darin 6–8 Minuten rundherum braten.

4 Reis mit 1 EL Kräutern vermischen und mit Puten-Gemüse-Mischung, Salsa und restlichen Kräutern in einer Schüssel anrichten. Puten-Fajita-Bowl servieren.

6 SmartPoints Wert   1698 kJ | 406 kcal

Kartoffel-Kürbis-Risotto mit Zanderfilet

Für 2 Personen   Fertig in 45 Min.   Davon aktiv 20 Min.

1/2 Hokkaidokürbis (ca. 500 g)
400 g festkochende Kartoffeln
1 Zwiebel
2 Zanderfilets (à 120 g)
2 TL Rapsöl
Salz, Pfeffer
1 EL gehackter Thymian
300 ml Gemüsebrühe (1 1/2 TL Instantpulver)
1 TL Zitronensaft
1/2 TL Kurkuma
1/2 TL Kreuzkümmel
1 EL Crème légère

1 Kürbis waschen, vierteln und Kerne mit einem Löffel entfernen. Kartoffeln und Zwiebel schälen und mit Kürbis fein würfeln. Zanderfilets abspülen und trocken tupfen.

2 1 TL Öl in einem Topf auf mittlerer Stufe erhitzen und Zwiebel-, Kartoffel- und Kürbiswürfel darin ca. 5 Minuten andünsten. Mit Salz und Pfeffer würzen, mit Thymian verfeinern und mit Brühe ablöschen, bis die Gemüsewürfel knapp bedeckt sind. Kartoffel-Kürbis-Risotto unter Rühren 25–30 Minuten köcheln lassen, dabei regelmäßig Brühe nachgießen.

3 Restliches Öl in einer Pfanne auf hoher Stufe erhitzen, Zanderfilets darin 2–3 Minuten von jeder Seite braten und mit Salz und Pfeffer würzen. Kartoffel-Kürbis-Risotto mit Zitronensaft, Kurkuma, Kreuzkümmel und Crème légère verfeinern, mit Salz und Pfeffer abschmecken und mit Zanderfilet servieren.

6 **SmartPoints Wert**   1606 kJ | 384 kcal

Auberginen-Paprika-Curry mit Kokosnuss

Für 4 Personen   Fertig in 30 Min.   Davon aktiv 15 Min.

1 Zwiebel
2 rote Paprika
1 Aubergine
1 TL Rapsöl
225 g trockener Basmatireis
Salz, Pfeffer
1 EL gelbe Curry-Würzpaste
2 TL Tamarinden-Paste
1 EL brauner Zucker
200 ml fettreduzierte Kokosmilch
450 ml heiße Gemüsebrühe (2 TL Instantpulver)
einige Stängel Koriander

1 Zwiebel schälen und in dünne Streifen schneiden. Paprika und Aubergine waschen, Paprika entkernen und zusammen in Stücke schneiden. Öl in einer Pfanne auf mittlerer Stufe erhitzen und Zwiebelstreifen, Paprika- und Auberginenstücke darin ca. 8 Minuten braten. Reis nach Packungsanweisung in Salzwasser garen.

2 Curry-, Tamarinden-Paste und Zucker in die Pfanne geben. Mit Kokosmilch und Brühe ablöschen, mit Deckel aufkochen und auf niedriger Stufe ca. 10 Minuten köcheln lassen. Koriander waschen und trocken schütteln. Auberginen-Paprika-Curry mit Salz und Pfeffer abschmecken, mit Reis und Koriander garniert servieren.

11 **SmartPoints Wert**   1479 kJ | 354 kcal

Erbsenrisotto mit Käse

Für 2 Personen **Fertig in 45 Min.** **Davon aktiv 30 Min.**

1 Zwiebel
1 TL Rapsöl
150 g trockener Risottoreis
1 Knoblauchzehe
600 ml Gemüsebrühe
(2 1/2 TL Instantpulver)
150 g grüne Erbsen (TK)
100 g Baby-Blattspinat
1 unbehandelte Zitrone
2 EL geriebener Parmesan
Salz, Pfeffer

1 Zwiebel schälen und fein würfeln. Öl in einem Topf auf mittlerer Stufe erhitzen und Zwiebelwürfel mit Reis darin ca. 5 Minuten glasig andünsten. Knoblauch dazupressen und ca. 1 Minute mitdünsten. Mit Brühe aufgießen, bis die Reiskörner knapp bedeckt sind. Auf niedriger Stufe ca. 30 Minuten garen, dabei unter Rühren regelmäßig Brühe nachgießen.

2 Erbsen zum Risotto geben und weitere ca. 5 Minuten garen. Spinat waschen, trocken schleudern und unter das Risotto rühren. Zitronenschale abreiben und Zitrone auspressen. Risotto mit Zitronensaft, -schale und der Hälfte Parmesan verfeinern und mit Salz und Pfeffer abschmecken. Erbsenrisotto mit restlichem Parmesan bestreut servieren.

10 **SmartPoints Wert** 1815 kJ | 434 kcal

Garnelencurry mit Zuckererbsenschoten

Für 2 Personen   Fertig in 30 Min.   Davon aktiv 25 Min.

300 g küchenfertige Garnelen (TK)
300 g Zuckererbsenschoten
1/2 Bund Frühlingszwiebeln
1 TL Olivenöl
Salz, Pfeffer
1 Stück Ingwer (ca. 1 cm)
100 g mehligkochende Kartoffeln
1 TL rote Curry-Würzpaste
300 ml Gemüsebrühe (1 1/2 TL Instantpulver)
200 g passierte Tomaten (Konserve)
1 Msp. Kurkuma
1/4 TL Kreuzkümmel
1/4 TL gemahlener Koriander
1 EL gehackter Koriander
1 TL Sesam

1. Garnelen auftauen lassen, abspülen und trocken tupfen. Zuckererbsenschoten waschen und diagonal halbieren. Frühlingszwiebeln waschen und in Ringe schneiden. Öl in einer Pfanne auf mittlerer Stufe erhitzen, Garnelen darin ca. 3 Minuten rundherum braten, salzen, pfeffern und herausnehmen.

2. Ingwer und Kartoffeln schälen und fein reiben. Currypaste im Bratensatz kurz anschwitzen, Ingwer und Kartoffeln zugeben, mit Brühe ablöschen und ca. 5 Minuten köcheln lassen.

3. Tomaten mit Kurkuma, Kreuzkümmel, gemahlenem Koriander, Zuckererbsenschotenhälften und Frühlingszwiebelringen zur Sauce geben und auf niedriger bis mittlerer Stufe ca. 5 Minuten garen. Garnelen unterheben, Curry mit Salz und Pfeffer abschmecken und Garnelencurry mit gehacktem Koriander und Sesam garniert servieren.

2 SmartPoints Wert   1352 kJ | 323 kcal

Nudelrisotto mit Chorizo und Paprika

Für 2 Personen   Fertig in 35 Min.   Davon aktiv 35 Min.

1 rote Zwiebel
1 gelbe Paprika
2 rote Paprika
4 Scheiben Chorizo
1 TL Olivenöl
140 g trockene Risoni-Nudeln
500 ml Gemüsebrühe
(2 TL Instantpulver)
4 Zweige Thymian
2 Msp. geräuchertes Paprikapulver
Salz, Pfeffer

1. Zwiebel schälen und würfeln. Paprika waschen, entkernen und in kleine Würfel schneiden. Chorizo in schmale Streifen schneiden.

2. Öl in einem Topf auf mittlerer bis hoher Stufe erhitzen und Zwiebelwürfel mit Chorizostreifen darin 3–4 Minuten anbraten. Nudeln und Paprikawürfel zufügen und kurz mitbraten. Mit Brühe ablöschen, bis die Zutaten knapp bedeckt sind und bei mittlerer Hitze 12–15 Minuten garen, dabei unter Rühren regelmäßig Brühe nachgießen.

3. Thymian waschen, trocken schütteln und hacken. Nudelrisotto mit Thymian und Paprikapulver verfeinern, mit Salz und Pfeffer abschmecken und servieren.

11 **SmartPoints Wert**   2019 kJ | 483 kcal

Angesagte Curries, Risotti & Bowls

Broccoli-Kokos-Curry

Für 2 Personen   Fertig in 30 Min.   Davon aktiv 15 Min.

100 g trockener Basmatireis
Salz, Pfeffer
200 g Blumenkohl
400 g Broccoli
1/2 Bund Frühlingszwiebeln
1 Stück Ingwer (ca. 2 cm)
120 g Kichererbsen (Konserve)
1 Stange Zitronengras
1 TL Sesamöl
1/2 TL Currypulver
1/2 TL Kurkuma
1 Prise Chilipulver
100 ml fettreduzierte Kokosmilch
175 ml Gemüsebrühe (1 TL Instantpulver)
1 EL Kokosraspel

1. Reis nach Packungsanweisung in Salzwasser garen. Blumenkohl und Broccoli waschen und in Röschen teilen. Frühlingszwiebeln waschen und in Ringe schneiden. Ingwer schälen und fein hacken. Kichererbsen abspülen und abtropfen lassen. Zitronengras waschen.

2. Blumenkohlröschen ca. 5 Minuten in Salzwasser vorgaren. Broccoliröschen ca. 2 Minuten vor Ende der Garzeit zufügen, mitgaren und abgießen. Öl in einem Wok oder einer großen Pfanne auf mittlerer Stufe erhitzen und Frühlingszwiebelringe mit Ingwer darin 2–3 Minuten anbraten.

3. Currypulver, Kurkuma und Chilipulver zufügen und kurz andünsten. Mit Kokosmilch und Brühe ablöschen. Zitronengras mit Kichererbsen, Blumenkohl- und Broccoliröschen in den Wok geben und ca. 10 Minuten garen. Kokosraspel fettfrei in einer Pfanne auf mittlerer Stufe rösten. Zitronengras entfernen und Curry mit Salz und Pfeffer würzen. Broccoli-Kokos-Curry mit Kokosraspeln bestreuen und mit Reis servieren.

10 **SmartPoints Wert**   1896 kJ | 453 kcal

Bist du Curry-Fan?

Dann probiere doch auch das leckere WW Gemüse Kokos Curry mit Kichererbsen und Basmatireis für 9 SmartPoints. Erhältlich im Supermarkt und auf weightwatchers-shop.de.

Angesagte Curries, Risotti & Bowls

Rinderfiletstreifen und Gemüse auf Salat

Für 4 Personen   Fertig in 30 Min.   Davon aktiv 15 Min.

1 rote Zwiebel
je 1 rote und orange Paprika
1 Römersalatherz
150 g Avocadofruchtfleisch
500 g Rinderfilet
2 EL Fajita-Gewürzmischung
2 TL Olivenöl
230 g Tomatensauce (Fertigprodukt)
1 EL gehackter Koriander
4 EL Crème légère

1. Zwiebel schälen und in Streifen schneiden. Paprika waschen, entkernen und in Streifen schneiden. Salat waschen, trocken schleudern und in mundgerechte Stücke zerteilen. Avocadofruchtfleisch in Spalten schneiden.

2. Filet trocken tupfen und mit 1 EL Fajita-Gewürzmischung würzen. 1 TL Öl in einer Pfanne auf hoher Stufe erhitzen, Filet darin ca. 3 Minuten von jeder Seite braten, herausnehmen, in Alufolie wickeln und ca. 5 Minuten ruhen lassen.

3. Restliches Öl im Bratensatz auf mittlerer Stufe erhitzen, Zwiebel- und Paprikastreifen mit restlicher Fajita-Gewürzmischung darin 6–8 Minuten dünsten.

4. Filet in Streifen schneiden. 200 g Tomatensauce unter die Paprika-Zwiebel-Mischung rühren. 4 Schüsseln mit Salat auslegen und Gemüsemischung mit Filetstreifen darauf verteilen. Avocadospalten und restliche Tomatensauce auf die Schüsseln verteilen. Rinderfiletstreifen mit Gemüse auf Salat mit Koriander bestreuen und mit Crème légère garniert servieren.

9 **SmartPoints Wert**   1501 kJ | 359 kcal

Do it yourself
Die Fajita-Gewürzmischung kannst du auch ganz einfach selbst zusammenstellen. Mische dafür je 2 TL Kreuzkümmel, gemahlenen Koriander und Paprikapulver mit 1 Prise Cayennepfeffer.

Angesagte Curries, Risotti & Bowls   107

SmartPoints Register

		🥕	🌱	🌾	🥛	🌾	❄	Seite
0	0-Punkte-Minestrone	●	●			●	●	57
1	Chili-Chicken-Bowl mit Bohnen				●	●		78
2	Frische Erbsensuppe mit Räuchertofu	●	●			●		10
	Garnelencurry mit Zuckererbsenschoten					●		101
3	Bretonische Zwiebelsuppe	●				●		42
	Gemüsecurry mit Tofu	●	●			●		70
	Paprika-Linsen-Suppe mit Kokosmilch	●	●			●		25
	Toskanischer Fischeintopf					●		49
4	Cremige Kürbissuppe mit Cashewnüssen	●						14
	Pastinaken-Karotten-Suppe mit marinierter Putenbrust					●		33
	Ramen-Nudelsuppe mit Geflügelhack				●	●		37
	Würziger Gyroseintopf					●	●	13
	Zucchinicremesuppe mit Mandelsahne	●						46
5	Deftige Krautsuppe mit Kasseler					●		53
	Fenchelrisotto mit Räucherlachs					●		69
	Gemüsesuppe mit Minzpesto	●	●				●	45
	Kohlrabi-Lauch-Eintopf mit Petersilienpesto	●	●					34
	Pikante Grünkohlsuppe					●		17
	Thai-Glasnudelsuppe mit Garnelen					●		29
	Warme Quinoa-Bowl mit Spiegelei	●		●	●	●		73
	Wärmende Fenchelsuppe	●				●		22
6	Blumenkohlsuppe mit Jakobsmuscheln und Speck					●		54
	Kartoffel-Kürbis-Risotto mit Zanderfilet					●		94

 einfrieren

	🥕	🌱	⊘ gluten	⊘ lakt	⊘ nuss	❄	Seite
6 Ofenrisotto mit mediterranem Gemüse	●				●		77
Puten-Fajita-Bowl			●	●	●		93
7 Chiligarnelen-Chorizo-Bowl					●		82
Rote-Bete-Suppe	●				●	●	50
Scharfe Erbsensuppe mit Steakwürfeln					●	●	38
8 Feurige Chili-Mais-Bowl					●		65
Kartoffel-Lauch-Suppe mit Geflügelbrust					●		18
Orientalischer Lammeintopf					●		21
Pestorisotto mit Tomaten					●		81
Rinderschmortopf mit Steckrüben				●	●		30
Romanesco-Geflügel-Topf						●	26
9 Hähnchen-Mango-Curry					●	●	86
Limetten-Avocado-Risotto mit Schafskäse	●				●		62
Pilzrisotto mit Spinat und Parmesan					●		89
Rinderfiletstreifen und Gemüse auf Salat					●		106
Rotes Paprika-Kürbis-Curry	●				●		90
Tortellini-Bohnen-Eintopf					●		41
10 Broccoli-Kokos-Curry	●	●			●		105
Erbsenrisotto mit Käse					●		98
Indisches Fisch-Kartoffel-Curry			●		●		66
Naturreis mit orientalischem Lammcurry					●		74
Schnelles Thai-Curry mit Mie-Nudeln	●	●				●	85
11 Auberginen-Paprika-Curry mit Kokosnuss	●	●			●		97
Nudelrisotto mit Chorizo und Paprika					●		102

Die Kennzeichnung wie zum Beispiel „vegetarisch", „vegan", „gluten-", „laktose-" oder „nussfrei" bei den Rezepten ist rein informativ und nicht verbindlich. Es liegt in der persönlichen Verantwortung zu prüfen, ob die verwendeten Lebensmittel die Anforderungen erfüllen.

Alphabetisches Register

A
Auberginen-Paprika-Curry mit Kokosnuss 97

B
Blumenkohlsuppe mit Jakobsmuscheln und Speck 54
Broccoli-Kokos-Curry 105

C
Chili-Chicken-Bowl mit Bohnen 78
Chiligarnelen-Chorizo-Bowl 82
Chili-Mais-Bowl, feurige 65

E
Erbsenrisotto mit Käse 98
Erbsensuppe mit Räuchertofu, frische 10
Erbsensuppe mit Steakwürfeln, scharfe 38

F
Fenchelrisotto mit Räucherlachs 69
Fenchelsuppe, wärmende 22
Fischeintopf, toskanischer 49
Fisch-Kartoffel-Curry, indisches 66

G
Garnelencurry mit Zuckererbsenschoten 101
Gemüsecurry mit Tofu 70
Gemüsesuppe mit Minzpesto 45
Grünkohlsuppe, pikante 17
Gyroseintopf, würziger 13

H
Hähnchen-Mango-Curry 86

K
Kartoffel-Kürbis-Risotto mit Zanderfilet 94
Kartoffel-Lauch-Suppe mit Geflügelbrust 18
Kohlrabi-Lauch-Eintopf mit Petersilienpesto 34
Krautsuppe mit Kasseler, deftige 53
Kürbissuppe mit Cashewnüssen, cremige 14

L
Lammeintopf, orientalischer 21
Limetten-Avocado-Risotto mit Schafskäse 62

N
Naturreis mit orientalischem Lammcurry 74
Nudelrisotto mit Chorizo und Paprika 102
0-Punkte-Minestrone 57

O
Ofenrisotto mit mediterranem Gemüse 77

P
Paprika-Kürbis-Curry, rotes 90
Paprika-Linsen-Suppe mit Kokosmilch 25
Pastinaken-Karotten-Suppe mit marinierter Putenbrust 33
Pestorisotto mit Tomaten 81
Pilzrisotto mit Spinat und Parmesan 89
Puten-Fajita-Bowl 93

Q

Quinoa-Bowl mit Spiegelei, warme 73

R

Ramen-Nudelsuppe mit Geflügelhack 37
Rinderfiletstreifen und Gemüse auf Salat 106
Rinderschmortopf mit Steckrüben 30
Romanesco-Geflügel-Topf 26
Rote-Bete-Suppe 50

T

Thai-Curry mit Mie-Nudeln, schnelles 85
Thai-Glasnudelsuppe mit Garnelen 29
Tortellini-Bohnen-Eintopf 41

Z

Zucchinicremesuppe mit Mandelsahne 46
Zwiebelsuppe, bretonische 42

Impressum

Redaktion
WW Deutschland
Claudia Braun, Iris Hermann, Ewa Tacke,
Claudia Thienel

Rezepte & Realisierung
Food Professionals Köhnen GmbH, Sprockhövel
Silke Höpker, Dennis Webers, Insa Weißpfennig

Fotografie
Klaus Arras, Carsten Eichner, Dirk Przibylla,
Hubertus Schüler, WW International

Foodstyling
Daniel Blodau, Katja Briol, Maren Jahnke,
Thomas Lauterbach, Stefan Mungenast,
WW International

Bildnachweise
WW International

Gestaltungskonzept & Grafik
Niehaus Knüwer and friends GmbH
Werbeagentur, Düsseldorf
Food Professionals Köhnen GmbH, Sprockhövel

Druck
paffrath print & medien GmbH, Remscheid

WW (Deutschland) GmbH
www.ww.com
Info-Hotline 0211 - 3805 3813
ISBN 978-3-9820647-3-4

1. Auflage 2019
WW Coin Logo, SmartPoints, Points, ZeroPoint und
WW Healthy Kitchen sind eingetragene Marken von
WW International, Inc.
© 2019 WW International, Inc.
Alle Rechte vorbehalten.
Der Nachdruck sowie die Verbreitung, auch auszugsweise,
in jeder Form oder Weise dieses Buchs ist nur mit vorheriger
schriftlicher Genehmigung des Herausgebers erlaubt.

PEFC zertifiziert. Dieses Papier stammt aus
nachhaltig bewirtschafteten Wäldern und
kontrollierten Quellen. www.pefc.de

Frater Tobias
oder: Wie man sich unsichtbar macht und doch von Gott gesehen wird

Heinz Rühmann spielte sich in die Herzen der Menschen, indem er in die Haut bescheidener, schüchterner Charaktere schlüpfte, so in »Keine Angst vor großen Tieren«, wo er den überaus fleißigen und überaus schüchternen Technischen Zeichner Emil Keller gab. Sollte einmal irgendwo die Rolle eines schüchternen Mönchs zu besetzen sein, empfehle ich Frater Tobias (40). Frater Tobias ist ein stiller, ein unauffälliger, ein sanfter Mensch. Er meldet keine Ansprüche an, markiert kein Revier, macht sich nicht bemerkbar. Er ist wie gar nicht da. Doch wie in jedem der Klassiker mit Heinz Rühmann kippt irgendwann der Plot; die Handlung eilt der jubelnden Pointe zu, dass dem Schüchternen das Wunder einer Verwandlung geschenkt wird. So erging es mir mit Frater Tobias, den ich – mea culpa! – zunächst völlig übersehen hatte. Von allen Geschichten, die ich in Heiligenkreuz zu hören bekam, ist die Geschichte dieses Mannes, der so gar nichts aus sich macht, die unerhörteste. »Es ist ja nicht meine Geschichte«, würde Frater Tobias abwehren, »höchstens Gottes Geschichte mit mir.«

Frater Tobias ist schlank und mittelgroß, er trägt das glatte Haar gescheitelt. Hinter der Brille verbergen sich ein paar nach innen gekehrte, jedoch wache Augen, die in bestimmten Zusammenhängen richtiggehend aufleuchten können. Dann spürt man, dass in der Seele dieses Mannes *Freude* ist. Richtige Freude, ein geheimer Goldberg an Freude, wie ein in der Stille gesammelter, bei entsprechendem Licht auffunkelnder Schatz. Wo kommt so viel Freude her, dass man sich in seiner Nähe richtiggehend beschenkt fühlt?

Frater Tobias ist ganze drei Jahre in Heiligenkreuz. Sein Leben sah lange so aus, als würde es ihn nie in intensiveren Austausch mit der Welt des Glaubens bringen. Der junge Mann war zwar »irgendwie katholisch«, aber das hieß nicht viel mehr als »nicht gerade ungläubig«. Gottesdienste standen nicht auf seiner Agenda. Glaube war kein Thema. Frater Tobias ging ganz in seinem Interesse für Naturwissenschaft auf, erwarb sich eine hochqualifizierte Ausbildung als Mikrobiologe und arbeitete lange Jahre in einem medizinischen Privatlabor.

Mehr als alles sonst bestimmte Krankheit das Leben des jungen Mannes, durchtränkte es mit einem Moment von Bitterkeit. Schmerzen, die mit den Jahren immer stärker wurden, ließen sein Leben zu einer fortdauernden Qual werden. Schlimme Kopfschmerzen, Migräneanfälle, Gastritis wurden zu seinen Dauerbegleitern. Frater Tobias zog von Arzt zu Arzt. Um Heilung zu finden, probierte er – schulmedizinisch »austherapiert« – alles aus, was nur entfernt Hoffnung verhieß, auch esoterische Therapien, von deren Gefährlichkeit ich damals noch nichts wusste. Doch niemand konnte ihm helfen. Die Schmerzen blieben, verschlimmerten sich von Jahr zu Jahr. »Ich konnte schließlich nicht mehr länger als fünf Minuten in einem Buch lesen, dann zwangen mich die extremen Kopfschmerzen, das Buch zur Seite zu legen.«

Mit den Jahren wurde Frater Tobias wiederholt auf gläubige Menschen aufmerksam. Schon während seines Studiums notierte er eine gewisse Faszination an einem Christen, »der lebendig über Gott sprach – und zwar so, als würde Er leben, als würde Er *jetzt gerade sprechen*. Ich fand diesen Menschen glaubhaft, und ich fragte mich: Kann das vielleicht sein, dass Gott durch Menschen *spricht*?« Eine Reihe ähnlicher Erlebnisse kamen hinzu. Und irgendwann ertappte sich Frater Tobias unwillkürlich bei dem Gedanken: »Er hat wieder gesprochen.«

»Er?«, frage ich nach, um mich der Sache zu versichern. Frater Tobias korrigiert sich: »Der *Herr* hat gesprochen.« Er spricht dieses Wort »Herr« mit sehr viel Bedacht aus, sehr ehrfürchtig. »Es war in diesem Labor an der Kinderklinik, in dem ich Langzeitversuche für meine

KEINE ROLLE MEHR SPIELEN FÜR DIE WELT

Diplomarbeit machte. In meiner Nähe arbeiteten zwei wunderbare Menschen, beide sehr intelligent, beide gläubig. Ein Oberarzt, eine Assistenzärztin. Ich vergesse nie die Gespräche, die wir führten. Sie wollten mich nicht bekehren, bedrängten mich in keiner Weise, aber *ich* war es, der suchte. *Ich* wollte wissen. Sie gaben mir das eine oder andere zu lesen. Ich verabschiedete mich von ihnen, ohne dass sie wussten, dass sie einen Keim in meine Seele gelegt hatten.«

Gott-Entdeckungsgeschichten dieser Art ziehen mich immer wieder in Bann. Bei Frater Tobias glaube ich zu wissen, wie es hinter der nächsten Straßenbiegung weitergeht: Der langsame Gang der Dinge, das Organische seiner Glaubensentwicklung – irgendwann musste es in eine Art stille Gewissheit münden. Aber ich bin auf der falschen Fährte. »Ich kam nach Wien«, erzählt Frater Tobias, »und arbeitete fünf Jahre in einem medizinischen Privatlabor. In dieser Zeit erlebte ich meine Bekehrung!« – »Das ging also doch nicht sukzessive?« – »Nein. Ab einem bestimmten Punkt schlugen die Dinge plötzlich in eine andere Qualität um. Eines Tages wurde ich überfallen von der Gewissheit ›Jesus lebt!‹. Er ist da. Er schaut mich an.« – »Bereitete sich das irgendwie vor?« – »Nein, es passierte einfach.« – »Was haben Sie dann gemacht?« – »Ich kniete mich hin. Sofort. Ohne Nachzudenken. Einfach so, im Zimmer, in dem ich gerade war. Aus meinem Mund kamen die Worte: ›Wenn es dich wirklich gibt, dann will ich dir mein Leben geben!‹« Eine Weile ist Stille zwischen uns. »Das haben Sie gemacht, ja?« – »Das habe ich gemacht, darum bin ich hier.«

Ich empfinde Ehrfurcht und Dankbarkeit vor dem Lebenszeugnis dieses lauteren Mannes: »Was für eine Geschichte, Frater Tobias!« Der schüttelt den Kopf: »Oh, die Geschichte ist noch nicht zu Ende … Sie entsinnen sich – diese anhaltenden Schmerzen, die mich von Kindheit an begleiteten?« – »Was ist mit ihnen?« – »Das möchte ich auch wissen. Nach meiner Bekehrung traf ich einen Menschen, von dem ich wusste, dass er ein tiefer Beter ist. Ich ging zu ihm und sagte: ›Beten Sie für mich, denn ich halte es nicht mehr aus!‹ Er versprach es.« – »Und, haben Sie etwas gespürt?« – »Ja. Innerhalb kurzer Zeit verschwanden alle meine Schmerzen und alle meine gesundheitlichen Belastungen. Das war 1997. Seit dieser Zeit, seit elf Jahren also, hatte ich nie wieder Kopfschmerzen. Irgendwann werde ich bestimmt wieder an etwas erkranken – das ist nicht der Punkt. Aber ich weiß, dass Gott dann da ist, dass er mir Kraft und Beistand schenkt.«

Die Aussage erwischt mich kalt: »Wollen Sie damit sagen, dass Sie ein Wunder erlebt haben?« Frater Tobias ist dieses Wort sichtlich unangenehm. »Sagen wir doch lieber ›Zeichen‹ dazu. Diese Geschichte muss für niemanden etwas bedeuten. Sie ist ein Zeichen, das mir ganz persönlich galt, mir an einem ganz bestimmten Punkt meiner Entwicklung.

Gott hat an mir gehandelt. Das weiß ich so sicher, wie ich weiß, dass ich hier vor Ihnen sitze.« Wieder schweigen wir.

Aber das jetzt, denke ich, das ist die ganze Geschichte. Wieder werde ich überrascht. »Es hat sich etwas getan mit meinen Gebeten«, erzählt Frater Tobias. »Bevor ich meine Heilung erlebte, da war ich gewiss schon ein Beter. Ich bete immer wieder zu Gott. Meine Gebete kamen vor ihn – Gott muss sie ja gehört haben –, aber mir war, als prallten sie ab wie an einer Wand. Das änderte sich.« – »Wie meinen Sie das?« – »Sie gehen jetzt durch die Wand.« – »Sie meinen, dass Ihre Gebete bei Gott ankommen?« – »Ja, ich spreche so mit ihm, wie mit einem liebevollen Vater.«

*

Dieser Mann muss Priester werden, denke ich, Beichte hören, Menschen mit Gott versöhnen. Aber schon wieder bin ich versucht, in Gottes Drehbuch hineinschreiben zu wollen. »Ich fühle das nicht, dass ich Priester sein sollte. Ich bin Chormönch. Meine Aufgabe ist, täglich bei Gott zu sein, ihn zu loben, zu ihm zu beten ...« – »Auch für andere?«, wage ich zu fragen, denn ich habe ein großes Anliegen auf dem Herzen, eine Sorge, die ich wie einen Berg vor mir herschiebe. »Ja, natürlich bete ich auch für andere«, ermutigt mich Frater Tobias, »sagen Sie ruhig, was Sie auf dem Herzen haben!« Ich sage es – und hoffe, dass dieser rätselhafte, gleichzeitig vollkommen schlichte Frater Tobias damit durch die Wand geht.

Bei keinem meiner Gespräche in Heiligenkreuz hatte ich so stark den Eindruck der Nähe Gottes, so stark das Gefühl, *absolut nicht allein zu sein*. Wir reden über geistliche Dinge. Ich bitte ihn, von seinen Erfahrungen zu berichten, sage ihm, dass ich diese Art von Frieden suche. Nein, er ist gar nicht verschlossen, erzählt bereitwillig, was immer ich ihn frage: »Wofür danken Sie Gott, Frater Tobias?« – »Ich weiß heute erst«, sagt mir der junge Mönch, »was Sünde ist, in welchen tödlichen

Zonen ich mich herumgetrieben habe. Ich bin Gott so dankbar, dass er sich in meinem Leben gezeigt hat. Ich wäre sonst verlorengegangen.« – »Woran denken Sie oft?« – »Da ist die Muttergottes, wissen Sie«, lässt mich Frater Tobias an seinem inneren Leben teilhaben, »ich freue mich so an ihr. Sie ist das größte Geschenk Jesu an seine Kirche. Sie ist sehr wichtig für mich.« – »Wie ist sie?«, möchte ich wissen. – »Ungemein zärtlich, ganz besorgt« – die Augen von Frater Tobias nehmen ein Leuchten an –, »eine wunderbare Mutter. Sie ist total feinfühlig. Sie spürt alles. Und sie ist eine Königin …« – »Was ist Ihre Aufgabe im Kloster?« – »Ich kümmere mich um die Kranken. Seit kurzem bin ich der Infirmar [Krankenbruder] des Klosters. Der heilige Benedikt hat gesagt: ›*Die Sorge für die Kranken muss vor und über allem stehen: man soll ihnen so dienen, als wären sie wirklich Christus*‹. Ich sehe darin, wie Jesus die Schwachen liebt. Er hat mich in meinen Schmerzen gesehen – und nun darf ich in denen, die leiden, Christus sehen. Das ist wunderbar. Es erfüllt mich vollkommen.« – »Mögen Sie Mutter Teresa?« – »Ja, und ich weiß, warum Sie das fragen. Sie entdeckte Christus in den Ärmsten der Armen. Sie teilte sogar die Gottverlassenheit mit ihnen.« – »Warum sind Sie hier, Frater Tobias?« – »Um in Liebe und Geduld geschliffen zu werden und Gott immer besser zu gefallen, also um heilig zu werden.« – »Was fällt Ihnen am schwersten?« – »Dass ich jeden Tag meine Schüchternheit überwinden muss. Vorsingen. Vorlesen.« – »Haben Klöster noch eine Zukunft?« – »Ja, wenn sie wirklich Gott suchen. Wenn sie sich nicht dieser Welt anpassen. Und wenn sie barmherzig handeln.«

Frater Otto
oder: Wie man den Chef tauscht und eine richtig gute Arbeit findet

Mit Kloster verbinden viele Menschen Nichtstun. Weinimporteure, Bierwerber und Käsekenner kultivieren das Bild des wohlgenährten Mönchs, dem die Trauben in den Mund wachsen. Wer sich den Alltag eines Klosters genauer anschaut, wird bald entdecken, dass hinter Klostermauern zum Relaxen wenig Zeit ist. Seit 1500 Jahren funktionieren Klöster, die auf den heiligen Benedikt zurückgehen, nach dem ambitionierten Doppeltakt von ›ora et labora‹ – bete und arbeite! Jeder Tag beginnt mit dem Aufstehen um ca. 4:45 Uhr. Mindestens dreieinhalb Stunden, über den Tag verteilt, verbringen die Mönche mit (Chor-)Gebet und Betrachtung. An den übrigen Stunden des Tages wartet in den meisten Fällen ein striktes Pensum. Der Abt hat jedem der Mönche eine bestimmte Verantwortlichkeit zugeteilt. Selbst die Ältesten sind nicht ohne Aufgabe.

Das Areal von Heiligenkreuz ist riesig, die Aufgaben vielfältig, der Besucherandrang von außen immens. Mehrere hunderttausend Touristen wollen geführt, begrüßt und begleitet werden. Auch die Fratres – sie studieren in den meisten Fällen an der ordenseigenen Hochschule – haben ausnahmslos einen oder mehrere Nebenjobs. Da kann es in Examenszeiten schon einmal eng werden. Wer morgens pünktlich im Chor sein will, kann Studien nicht auf die Nacht verschieben. Und auch wer etwa Hochschullehrer ist oder in der Verwaltung des 200-Personen-Betriebs arbeitet, der hat zu tun, dass er seiner vielfältigen Beanspruchung gerecht wird. Gebet und Arbeit sind gleich wichtig und dürfen nicht gegeneinander ausgespielt werden.

Mich interessiert Frater Otto (31). Jemand hatte mir gesagt, er sei bis vor gut zwei Jahren im mittleren Management eines bayerischen Automobilzulieferers beschäftigt gewesen. Ich frage mich: Wie schaltet so einer von Business auf Kloster um? Sind überhaupt Leute, die einmal die harte Schule von Wirtschaft und Industrie durchlaufen haben, noch integrierbar? Gibt es da adäquate Jobs oder versauert man da im Kloster? Der Mann, der mir nun gegenübersteht, hat erkennbar bajuwarische Gene in der Erbmasse: nicht zu groß, dunkel, zäh, tough. Einer, der seinen Mann steht, der dranbleibt.

»Hatten Sie die Nase voll von Ihrem Job, dass Sie ins Kloster geflohen sind?«, frage ich provokativ. »Wenn ich vor etwas geflohen bin, dann vor dem *Kloster*«, gibt mir Frater Otto zur Antwort. Ich schaue verständnislos. Der junge Mönch hilft mir auf die Sprünge: »Ja, es hat lange gedauert, bis Er mich gekriegt hat! Sie kennen die Geschichte von Jona? Das ist meine Geschichte.« Natürlich kenne ich die Geschichte von dem Propheten im Alten Testament, der Gottes Auftrag in Ninive partout nicht ausführen wollte, sich sogar übers Meer davonmachte. Doch die Seeleute warfen ihn über Bord. Ein Fisch verschluckte den Jona, um ihn schließlich in Ninive wieder auszuspucken. Ausgerechnet in Ninive! »Der Fisch hat Sie also hier in Heiligenkreuz ausgespuckt?« – »Korrekt!« – »Klingt aber nicht sehr positiv?« – »Ich bin vor meinem Eintritt nicht durch die verschiedensten Klöster getourt, um sie wie Käsesorten auszuprobieren. Ich mag diese Konsumentenhaltung nicht. Hier bin ich angekommen. Hier gehöre ich hin. Es kommt weniger darauf an, ob *mir* dies und das mehr oder weniger gefällt – hier ist der Ort, an dem ich *Gott* gefallen soll.«

Und dann erzählt mir Frater Otto ein gutes Stück seiner Vergangenheit. Frater Otto hatte Betriebswirtschaft studiert und sehr bald eine Anstellung im Vertrieb einer der härtesten Branchen der Republik gefunden. Als Produktmanager eines Zulieferers im Automobilbereich musste er in zähen Verhandlungen Großaufträge an Land ziehen. Es handelte sich um Bauteile, die oft über zwei Jahre hinweg entwickelt wurden und dann über einen Zeitraum von sieben Jahren in Großserien eingebaut wurden. Das hieß: ständig in Drohszenarien leben, ständig unter höchstem Preis- und Wettbewerbsdruck arbeiten. Das hieß auch: eine Menge Verantwortung haben für die Arbeitsplätze anderer, hieß auch: eine Menge Geld verdienen. »Haben Sie nicht gelitten unter diesem immensen Druck?« – »Gewiss, Druck macht keinem Spaß. Aber ich konnte damit umgehen. Sie denken: Der hat den Druck nicht mehr ausgehalten, ist ins Kloster geflohen.« – »Und?« – »So war es nicht. Ich hatte neben meiner beruflichen Kiste noch eine zweite Baustelle, eine private. Ich fand nämlich meinen inneren Frieden nicht.« – »Sie grübelten? – »Nein, ich bin nicht introvertiert. Im Gegenteil. Ich liebte es zu feiern, zu tanzen … Die Welt kam mir entgegen: eine berufliche Karriere, Geld, was man so Liebe nennt, Besitz. Aber es ließ mich alles merkwürdig kalt. Während ich tanzte, lachte, trank, störte mich etwas, bekam ich ein schlechtes Gewissen. Etwas in mir sagte: Vergiss es! Das ist es nicht! Ich spürte, dass dieser Impuls nicht aus mir allein kam. Meldete sich da die Stimme Gottes? Aber glaubte ich eigentlich noch an ihn? In etwa dieser Stimmungslage habe ich meinen Glauben auf eine erwachsene Weise wiederentdeckt.« – »Sie hatten ihn abgelegt?« – »Ich habe immer noch an Gott geglaubt, aber von einem katholischen Verständnis von Glauben war nicht mehr viel da. Aber nun machte Er sich zunehmend bemerkbar – und zwar als *Störung*.« – »Sie haben Gott als Spielverderber erlebt?« – »Ja, so merkwürdig es klingt. Er stöberte mich auf in dem, was ich mir als Leben zurechtgelegt hatte. Er wollte offenkundig etwas anderes von mir.«

Frater Otto setzte sich daraufhin intensiv mit dem christlichen Glauben auseinander. Während eines Aufenthalts in Kloster Münsterschwarzach wurde ihm eine intensive Gotteserfahrung geschenkt. Zum ersten Mal kam ihm der »absurde Gedanke: Sollte ich vielleicht ins Kloster gehen? Ich?«

Und dann erzählt Frater Otto von seinen vier verschiedenen Anläufen, Mönch in Heiligenkreuz zu werden: »Beim ersten Besuch habe ich nach einer Woche die Tür hinter mir zugeschlagen. ›Niemals!‹, dachte ich. ›Sieh zu, dass du nach Hause kommst!‹ Doch Jona kam wieder. Jona wollte wenigstens wissen, ob er könnte, wenn er wollte. Nur mal so rein hypothetisch! Am Ende konnte ich Gott triumphierend entgegenhalten: ›Du siehst doch, Herr, ich kann nicht!‹ Natürlich gab Er sich damit nicht zufrieden. Ich weiß noch genau, wie ich betete, als ich zum dritten Mal in Heiligenkreuz war; ich sagte: ›*Mach's mir nicht so hart, dann mach ich's dir vielleicht auch ein bisschen einfacher!*‹ – so verklausuliert, mit Haken, Ösen und Rückzugsmöglichkeiten. Keine Antwort! Als ich dann zum vierten Mal in Heiligenkreuz anklopfte, begegnete ich Pater Bernhard. Er ist weithin bekannt dafür, dass er Menschen in die Seele blicken kann. Er sagte mir auf den Kopf zu: ›Sie treten dann bei uns ins Noviziat ein!‹ Ich war perplex. Was wusste der von mir? Zuletzt bin ich

Frater Otto: Vom Vertriebsprofi zum Gartenmeister

aber doch nicht wegen dem Spruch von Pater Bernhard eingetreten, sondern weil ich mir das Ganze einmal von der anderen Seite aus anschauen musste.«

Ich wollte wissen, wie es ihm ging, als er seinen Entschluss in der Firma mitteilte. »Ja, das war interessant. Es kam zu vollkommen verrückten Reaktionen, zu einer richtigen Scheidung der Geister. Gute Kollegen erklärten mich für ein bisschen bekloppt. Und Leute, von denen ich es nie gedacht hätte, fanden es klasse. Der Hammer war, als ich meinem Chef das Kündigungsschreiben auf den Schreibtisch legte. Da war mir, als würde ich blind vom 10-Meter-Turm runterspringen, ohne genau zu wissen, ob da unten Wasser ist. Ich brachte es rasch hinter mich, krallte mich ans Steuer, fuhr in einem Gefühl der Panik nach Hause.«

Ich konnte mir vorstellen, was das für ein Sprung war für den Mann, der mir jetzt im weißen Gewand gegenübersaß, ganz Mönch, ganz Zisterzienser. »Im Nachhinein verstehe ich so einiges«, bedachte Frater Otto seinen Weg. »Wissen Sie, wir denken immer, dass wir es sind, die steuern. Wir organisieren en detail, wollen alles im Griff haben, legen ganze Produktionsstraßen an usw. Was wir nur schwer kapieren: Dass wir die ganze Zeit bei Gott auf dem Monitor sind. Wir haben ihn nicht auf der Rechnung. Und er steuert …«

»Und«, möchte ich wissen, »gibt es hier Arbeit für einen wie Sie?« Frater Otto lächelt ein bisschen, als er aufzählt, was ihm vom Abt neben seinem Studium auferlegt wurde: »Gartenmeister, Ministrantenhelfer, Firmhelfer …« Der Mann kann was anderes, denke ich. Frater Otto spürt meine Skepsis. »Wir haben hier einen anderen Begriff von Arbeit. Wenn wir gleich wieder in die Kirche marschieren und das Gotteslob singen – auch das ist *Arbeit*. Wir nennen es *Officium Divinum* – Dienst an Gott. Da tun wir etwas, was in dieser Welt geschehen müsste, wenn sie ein bisschen was verstanden hätte. Aber in der Realität wird das so selten gemacht: Gott loben. Es unterbleibt, wenn wir es nicht tun, wenn wir es nicht zur Priorität Nummer eins machen. Generell geht es bei dem, was hier an Arbeit geschieht, nicht um Leistung, Selbstverwirklichung, Karriere, Aufstieg. Es gibt auch keine Hierarchie der Arbeit. Unkraut rupfen ist nicht weniger wert als Bücher schreiben. Benedikt legt in seiner Regel großen Wert auf die *Handarbeit,* die er für jeden Tag – außer Sonntag natürlich – einfordert, und zwar mit einem interessanten Argument; er sagt: ›Müßiggang ist der Seele Feind.‹ Wer immer nur den Kopf in den Wolken hat, der verliert die Bodenhaftung. Etwas Konkretes zu tun macht demütig.«

»Aber trotzdem«, wage ich einzuwenden, »Sie sind ja nicht hier zum Unkrautrupfen!?« Frater Otto will das nicht gelten lassen: »Natürlich kann ich mir vorstellen, was ich später einmal mache. Aber zu meinem Arbeitsethos hier gehört es ganz wesentlich, dass ich nicht permanent ›Hier!‹ schreie. Ich möchte, dass mir der Abt eines Tages sagt: Mach das – oder mach das! Ich möchte bewusst offen sein für das, was gebraucht wird, möchte eingesetzt werden, möchte ein Werkzeug sein. Das ist etwas sehr Schönes. Denken Sie einmal darüber nach!«

Pater Kosmas
oder: Wie man einfach besser hört

Von meinem Zimmer blicke ich hinaus in die lautlose Welt des winterlichen Klostergartens. Nach einer Woche Aufenthalt in Stift Heiligenkreuz goutiere ich langsam die Kargheit der klösterlichen Welt. Ich mag das schlichte Interieur meines Zimmers. Außer Bett, Stuhl und Tisch gibt es nichts, was mich ablenken könnte. Nach einer gewissen Eingewöhnung – es gab sogar leichte Anflüge von Depression – genieße ich endlich auch das Schweigen, fühle mich geborgen in der großen Stille. Es gibt richtiggehend »nichts« zu hören. Herrlich! Nun warte ich auf einen Pater Kosmas, um mich mit ihm über dieses zwischen Faszination und Irritation schillernde Schweigen zu unterhalten.

Mit etwas Verspätung steht seine große Gestalt plötzlich im Türrahmen – in Begleitung eines ebenfalls großformatigen Hundes. Mit ihm schwappt all das herein, was ich seit über einer Woche glaubte in meiner eigenen Person hinter mir gelassen zu haben: weltliche Luft, Unruhe, Nervosität. Der hagere Mann mit dem Asketenschädel und der intellektuellen Ausstrahlung trägt das Gewand der Zisterzienser, aber er entspricht für meinen Geschmack so gar nicht dem Bild des in sich ruhenden Mönchs, der gekommen ist, sich tropfenweise die Essenz monastischen Schweigens entlocken zu lassen. Pater Kosmas (42) ist von entwaffnender Offenheit: »Wahrscheinlich soll das eine pädagogische Maßnahme sein, dass Sie mich ausgesucht haben, um mit Ihnen über das Schweigen zu sprechen.« – »Warum«, frage ich, »verstehen Sie davon nichts?« – »Wenn Sie romantische Berichte aus der Versunkenheit brauchen, bin ich wahrscheinlich der falsche Mann. Ich bin Pfarrer in Wiener Neustadt, dazu noch Ethikprofessor an der Hochschule hier. Mit anderen Worten: Ich lebe draußen in der Welt – und da ist mit Schweigen nicht viel. Aber Schweigen ist wichtig – es zu suchen ist wahrscheinlich für mich ebenso schwer wie für Sie!«

Ich bin hin- und hergerissen zwischen einem Gefühl der Solidarität und dem Gedanken: Ist das denn ein richtiger Mönch? Der lebt ja gar nicht im Kloster! Pater Kosmas, so erfahre ich, steht für ein Stück österreichische Geschichte. Mit Kaiser Josef II. und der Säkularisation im Jahr 1802 hatte sich das einst beschauliche Leben der Mönche fundamental verändert. Hunderte von Klöstern, die weder der Armen- und Krankenfürsorge noch der Schule oder Volkserziehung dienten, wurden aufgelöst, ihr Vermögen vom Staat eingezogen. Auch die Zisterzienser von Stift Heiligenkreuz standen vor der Wahl, entweder »nützlich« zu sein oder aufgehoben zu werden. Seit dieser Zeit übernahmen die Mönche Aufgaben in der Pfarrseelsorge.

»Sollen wir ausgerechnet in der Phase eines gigantischen Priestermangels unsere Pfarrer von den Gemeinden abziehen, nur weil es vielleicht der reinen monastischen Lehre entspricht? Das, meine ich, kann Gott nicht wollen!«, hatte mich Abt Gregor über den sensiblen Punkt aufgeklärt. Nicht alle Mönche stimmen ihrem Abt da uneingeschränkt zu. »Die Leute sind doch mobil«, sagt mir ein junger Mönch, »in Zukunft werden wir doch sowieso nicht mehr alle Pfarreien bespielen können. Da ist es besser, wir haben ausstrahlende monastische Zentren. Und dann müssen unsere Pfarrer draußen auch nicht ein Leben führen, zu dem sie nicht berufen sind.« Es ist ein heikles Thema. Man möchte die Arbeit der Pfarrer nicht in schlechtem Licht erscheinen lassen, man kennt und schätzt ihren Dienst, aber eigentlich – so höre ich als Unterton immer wieder heraus – gehören sie doch zu uns, gehören sie doch *hierher*, in die Klausur, ins Schweigen, ins Chorgebet!

Einmal mehr bietet sich mir eine ungewöhnliche Biographie dar. Nicht einmal, sondern gleich zweimal trat Pater Kosmas in die Abtei ein. Zum ersten Mal versuchte er es in den Jahren 1985 bis 1987, endgültig gelang ihm der Einstieg ins Kloster dann im Jahr 2001. Zwischen

1987 und 2001 lag ein Stück Wissenschaftskarriere, ein versuchtes Medizin-, darauf ein abgeschlossenes Theologiestudium, schließlich eine Tübinger Promotion über Ethik in den Wissenschaften. Danach arbeitete Pater Kosmas bei einem bekannten, die Politik beratenden Forschungsinstitut. Es ging um komplexe Infrastruktursysteme, Technikfolgenabschätzung, »etwas, was mir absolut lag, denn es hielt die Mitte zwischen Forschung, Lehre und konkreter gesellschaftlicher Anwendung«. Der Mann kann denken, reden, aus dem Stegreif argumentieren. Ich befürchte einen brillanten Vortrag über das Schweigen. Genau das, was mich eher nicht interessiert. Aber wir verständigen uns. Der Vortrag bleibt in der Schublade, dafür wird es ein tiefes Gespräch über das Schweigen – freilich im Modus einer beiderseitigen Sehnsucht.

Ich schildere meine Faszination am allmorgendlichen Auftauchen aus der Stille der Nacht. Aus allen Mönchszellen kommen die weißen Gestalten, um zu den Nachthoren (= *Gebetzeiten in der Nacht*) in die Kirche zu eilen. Kein Wort fällt, man begrüßt sich maximal mit einem Lächeln, einem Kopfnicken. Das große Schweigen wird erst durch ein Ritual durchbrochen. »*Domine, labia mea aperies …*« (Herr, öffne du meine Lippen!), ruft einer der Mönche den Anfang eines Psalmverses aus; alle anderen antworten ihm mit dem zweiten Halbvers: »*… et os meum annuntiabit laudem tuam!*« (… und mein Mund wird dein Lob verkünden!).

»Ja«, erläutert mir Pater Kosmas, »das ist ein wunderbares Ritual, in dem sich eigentlich unsere ganze menschliche Existenz widerspiegelt. Denken Sie einfach an den Schöpfungsmorgen, an dem Gott durch sein Wort das kosmische Schweigen durchbrach. Jeder Morgen, an dem wir aufwachen, ist wie eine neue Schöpfung. *Gott ruft uns* in das Licht des Tages. Wir kommen ja aus dem Schlaf, aus der Nacht einer unbewussten Existenz bei Gott, haben nun eine bewusste Spanne, die wir, wenn wir ›helle‹ sind, am besten dazu nutzen, Gott zu loben und zu preisen, und gehen eines Tages wieder ein in das Sein bei ihm. Wir sehnen uns danach, Gott zu schauen, in seinem Licht zu sein, entsprechend dem Wort des heiligen Johannes: »Gott ist Licht, und Finsternis ist nicht in ihm.« So kommen wir am Morgen aus dem Silentium nocturnum (= *das nächtliche Schweigen*) und kehren in der Nacht wieder in das Silentium nocturnum zurück – die Ruhe am Herzen Gottes. Darum versucht man im Kloster nach Möglichkeit, nach der Komplet (= *letzte Gebetzeit, in Heiligenkreuz gegen 19.50 Uhr*) nicht mehr zu sprechen, auch keine Unterhaltungsmedien mehr zu nutzen. Die Nacht ist heilig; sie gehört Gott. Das Schweigen der Mönche zeigt an, dass man das achtet.«

Eine ganze Weile sprechen wir über das Schweigen als ein ›Stellvertreter‹ Gottes. Auch in anderen Religionen, etwa im Zen-Buddhismus, gibt es ja Schweigetraditionen, setzt man sich der Leere und dem Nichts aus, um darin zur Transzendenz zu gelangen. »Im Christentum aber«, belehrt mich Pater Kosmas, »kommt uns aus der Stille ein sprechender Gott entgegen. Die Stille ist gefüllt. Eine alte Weisheit der Mönche lautet: *Tranquillus Deus tranquillans omnia*, was übersetzt etwa so viel bedeutet wie: Der stille Gott macht alles ruhig; er erfüllt alles mit Frieden. Das Schweigen sagt: Alles ist anders. Gott ist da. Das Schweigen Gottes ist die Voraussetzung seines Sprechens.«

Pater Kosmas lenkt meine Gedanken auf einen besonderen Aspekt hin: »Beim ›Öffne du meine Lippen!‹ ist das ›*du*‹ das entscheidende Wörtchen. Wir machen ja normalerweise zu allem den Mund auf, quatschen den ganzen Tag, geben zu allem unseren Senf hinzu. Aber unsere Worte sind häufig leer; deshalb bewirken sie auch nichts. Sie sind unschöpferisch, sind oft nur Blabla! Was wir reden, ist eigentlich nicht wichtig. Dass *Gott* redet, dass er uns ruft und dass er sein Wort in unseren Mund legt, das ist wichtig. Darum korrespondiert dieses ›Öffne du meine Lippen‹ auch mit dem ersten Wort der gesamten Benediktsregel, mit dem ›*Höre*, mein Sohn, auf die Weisung des Meisters!‹ Dafür würde man im Lateinischen das Wort ›*Audi!*‹ erwarten – aber es steht ein anderes, tieferes Wort für ›hören‹ da: ›*Osculta!*‹ Es meint: in die Tiefe hineinhorchen. In der Medizin gibt es das Wort ›Auskultieren‹, wenn der Arzt mit dem Stethoskop Herz, Lunge oder Magen abhorcht – eine

Pater Kosmas im geistlichen Gespräch mit einem Jugendlichen

meisterliche Kunst. Genau das macht den Mönch aus, dass er Gottes Wort gewissermaßen intensiv abhorcht …« – »Also, man eliminiert das Blabla, um intensiver auf ein aus der Stille kommendes anderes Wort zu hören, verstehe ich das richtig?« – »Ja, und das Urbild dafür ist Maria in der Weihnachtsszene, in der die Hirten sie und das Kind gerade verlassen haben. Im Raum standen noch bestimmte Worte, die ihnen der Engel überbracht hatte und die sie gewissermaßen an der Krippe deponiert hatten. ›Maria‹, heißt es bei Lukas, ›aber behielt alle diese Worte und *bewegte sie* in ihrem Herzen‹.«

Mir gefällt das Bild von der jungen Frau. Sie hat jetzt nicht mehr das Kind in ihrem Leib – aber sie hat ein Wort in ihrem Herzen. Sie wiegt es mit gleicher Liebe – hin und her, hin und her. »Im Deutschen sagte man früher ›einer Sache innewerden‹ …« – »Ja, das ist Kontemplation«, pflichtet mir Pater Kosmas bei, »und das ist der Kern im Leben eines Mönchs.«

Ich berichte Pater Kosmas von zwei Seiten meiner eigenen Schweigeerfahrung, dem Gefühl der Verlassenheit bis hin zur Depression und dem Gefühl, umfangen zu sein von Frieden. Pater Kosmas stimmt mir zu: »Es gibt eine romantische Vorstellung vom Schweigen, die diese Ambivalenz, die Sie beschreiben, nicht erfasst. Es gibt nämlich eine böse Stille und einen gute Stille. Ja, Stille kann unheimlich sein. Alle geistlichen Lehrer berichten von der kalten Leere, in der die Dämonen aus der Seele aufsteigen, von Versuchungen, vom inneren Kampfplatz. Aber sie berichten auch von der gefüllten Stille, in der man Gottes Gegenwart spürt, in der man von Liebe erfüllt ist und sich zur Anbetung hingezogen fühlt.«

»Warum schweigen Sie auch beim Essen?«, frage ich Pater Kosmas. Anfangs fiel es mir schwer, dass ich als Gast unter den Mönchen im Refektorium (= Speisesaal eines Klosters) saß und kein Wort mit den beiden Mönchen zu meiner Rechten und zu meiner Linken wechseln sollte. Zu Hause in der Familie ist das gemeinsame Essen der zentrale Ort der Kommunikation. Es geht oft lustig zu; die Kinder überschütten uns mit lustigen Erlebnissen, oft auch mit ihren kleinen Sorgen. Beiläufig kommt so manches zur Sprache und wird zwischen Hauptspeise und Dessert gelöst. Warum freue ich mich nun nach einer Woche Heiligenkreuz auf das Schweigen beim Essen? Nun, die Speisen munden ganz anders, wenn man sie erst einmal in ihrer Feinheit wahrnimmt und sie nicht beiläufig in sich hineinschaufelt. Es ist schön, achtsam für den anderen zu werden, zu sehen, wie der andere achtsam für mich ist. Es ist auch schön, bedient zu werden und mit einem kleinen Lächeln danke zu sagen. O ja – es ist nicht weniger an Kommunikation da, wenn man mit anderen im Schweigen ein Mahl einnimmt. Trotzdem frage ich Pater Kosmas: ‹Warum schweigen Sie auch beim Essen?« Seine Antwort ist ungewöhnlich: »Weil das Schweigen die Existenzform des Mönchs ist. Wenn zwischen den beiden Polen *Arbeit* und *Chorgebet* kein Drittes wäre, kein Verbindungsstück, dann würde unser Leben auseinanderfallen. Man kann nicht einfach von einer Tätigkeit ins Chorgebet hineinfallen. Dieses Verbindungsstück ist das *Schweigen des Herzens*, das an vielen Punkten konkret wird, so etwa beim Essen in gemeinsamem Schweigen.«

Am Ende unseres Gespräches über das Schweigen fühle ich eine Nähe zu diesem Mann, der in seinem Alltag mein Nichtschweigen teilt und meine Sehnsucht nach dem ganz anderen.

*

Schweigen zwei Menschen,
so ist es immer möglich,
dass der eine von beiden gerade betet.
ADRIENNE VON SPEYR

Sprich mir
schweigend von Gott.
SIMONE WEIL

Wovon man nicht sprechen kann,
darüber muss man schweigen.
LUDWIG WITTGENSTEIN

Pater Karl
oder: Wie man einen Tornado vor ein Kloster spannt

Pater Karl die Hand zu drücken ist gefährlich. Er hat Pranken wie ein Hufschmied. Überhaupt vermittelt er den Eindruck eines in vielerlei Hinsicht überaus kraftvollen und aktiven Menschen. Wenn Heiligenkreuz nun eine Art Magnet für die Jugend ist, wenn die Gesänge der Mönche von Heiligenkreuz über die CD »Chant« heute im letzten Winkel Gottes Lob laut werden lassen, wenn die Theologische Hochschule immer mehr Priesterstudenten anzieht, wenn das Kloster fast mehr Berufungen hat, als es aufnehmen kann, so verdankt Heiligenkreuz das in hohem Maß der Arbeit von ›Pater Karl‹. Der spielt seine Rolle gerne herunter. »Der liebe Gott hat mir drei Gaben verliehen: Erstens einen hervorragenden Abt, von dem ich mich gut eingesetzt und stark unterstützt weiß, einen breiten und einen belastbaren Rücken, drittens einen wunderbaren Mix an talentierten Mitbrüdern …«

Und so gerät unser Gespräch, das ich eigentlich über ihn führen wollte, zunächst in eine ganz andere Richtung. Wir reden über die Talente der anderen. »Ohne einen mutig zupackenden, visionären Abt geht nichts voran«, setzt Pater Karl noch einmal an: »Und wenn Sie nur phlegmatische Mitbrüder haben, können Sie auch nichts bewegen. Nehmen Sie den Frater Martin zum Beispiel. Sein genialer kleiner Videoclip über Heiligenkreuz wurde mittlerweile 800 000 Mal angeklickt. Lesen Sie mal die Kommentare bei Youtube! Ist das nicht großartig? Und so hat jeder Mitbruder sein spezielles Talent …« – »Welcher Mitbruder ist neben dem Abt besonders wichtig?« – »Oh, da müsste ich viele nennen, in erster Linie sicher Altabt Gerhard, als Vorbild. Und dann natürlich Pater Bernhard. Er ist die Seele des Ganzen, der Beichtvater, der geistliche Führer, die Vatergestalt. Er ist wahrscheinlich der beliebteste Beichtvater in ganz Wien. Es gibt Leute, die kommen extra aus Norddeutschland, um einmal bei ihm zur Beichte gehen zu können. Um einen Termin für eine geistliche Aussprache bei ihm zu bekommen, muss man sich zwei Monate vorher anmelden. Das gilt natürlich nicht für die Mitbrüder hier. Pater Bernhard ist der große Seelenführer …« Und so geht es eine Weile, bis wir endlich bei der Person Pater Karl sind.

Wahrscheinlich war es für viele eher nach innen gekehrte Mönche zunächst einmal eine Art Kulturschock, einen Mönch in ihren Reihen zu entdecken, der wie ein Tornado über das Kloster hinwegfegt und vom niederösterreichischen Basislager aus die katholische Kirche medial und organisatorisch aufmischt. Es spricht für Pater Karl wie für den Konvent, dass es nicht zum spirituellen Clash of Civilisations kam. Pater Karl will kein Star sein und versucht seine vielfältigen Aktivitäten bewusst zurückzubinden an die Kommunität: »Das wäre das Letzte, wenn ich hier den Guru spielen würde! Die Jugendlichen müssen sehen können, ›wie gut und schön es ist, wenn Brüder gut zusammenleben‹ – wie es im Psalm 133 heißt.« Andererseits wissen die Mönche durchaus, was sie an ihrem umtriebigen »Außenminister« haben, und gestehen ihm in der Regel gerne das Stück Freiheit zu, das einer wie er braucht. Wenn Pater Karl wieder einmal den Turbolader einschaltet, muss man nur an das 12. Jahrhundert denken, an Bernhard von Clairvaux und die revolutionären Umwälzungen, die von seiner Person ausgingen – dann weiß man, dass sich das Ganze durchaus im Rahmen des zisterziensischen Ideals bewegt. »Wir Mönche sind doch nicht *für uns* da!«, pflegt Pater Karl zu sagen. »Wir sind *für die Leute* da. Also – was verstecken wir uns!?« Und so mag man die erfrischend offensive Art von Pater Karl als ein notwendiges Korrektiv zu weltflüchtigen Tendenzen empfinden, die es in Heiligenkreuz auch gibt.

Frater Coelestin (20) hatte mir den dezenten Hinweis gegeben, ich dürfe keinesfalls die ›Jugendvigil‹ (lat. *vigilare* = wachen) verpassen, da

Pater Karl ist immer in Aktion

gehe »die Post ab«. Ja – da geht die Post ab! Als ich kurz nach 20.00 Uhr die Kreuzkirche über einen Seiteneingang betrete, komme ich fast nicht hinein, so rappelvoll ist der Gottesdienstraum. Hunderte von Jugendlichen drängen sich dicht an dicht, um – mmh, ja was? – zu sehen? Wo ist die Soundmachine? Wann geht die Lichtorgel an? Nichts dergleichen. Stattdessen treten einige junge Mönche vor den Altar. Mit dem Rücken zu den Jugendlichen singen sie ein Stück gregorianischen Choral. Daraufhin ziehen die Jugendlichen mit Pater Karl und den jungen Mönchen in einer Lichterprozession betend durch die bitterkalte Abteikirche, hinüber in den genauso erbärmlich kalten Kreuzgang. Dort ist Statio (alle bleiben stehen oder setzen sich dichtgedrängt in die Nischen des gotischen Kreuzgangs): Der literarisch begabte Pater Samuel liest eine kleine, von ihm verfasste Geschichte mit religiöser Botschaft vor, die unter die Haut geht. Dann zurück in die Kreuzkirche. Aber auch dort bleibt die ›action‹ in der Tüte. Stattdessen gibt es ein Stück Evangelium, eine Predigt von einem jüngeren Mönch, gefolgt von einem ›Event‹, der jedem Eventmanager für Jugendveranstaltungen die Haare zu Berge stehen lassen würde: Eucharistische Anbetung. Christus wird in Gestalt des Eucharistischen Brotes ausgestellt und in Stille, aber auch in laut werdendem Gebet verehrt und angebetet. Der Gipfel der Jugendhighlights aber ist offenkundig die Beichte. Pater Karl lädt dazu mit freundlichen, klaren Worten ein. Ich traue meinen Augen nicht. Vier Priester haben einen ganzen Abend lang bis Mitternacht alle Hände voll zu tun, um den vielen Jugendlichen, die Versöhnung suchen, die Vergebung und Liebe Gottes zuzusprechen.

Darüber spreche ich mit dem charismatischen Jugendseelsorger: »Pater Karl, Ihr Kloster ist von anno Tobak. Ihre Kleidung ist Mittelalter. Ihre Musik ist von vorvorgestern. Irgendwie scheinen Sie trotzdem für die Jugendlichen interessant zu sein. Woran liegt das?« – »Thomas Mann sagte einmal: ›Nichts ist so unmodern, wie allzu modern zu sein.‹ Nehmen Sie heute Jugendliche – gerne auch solche in der Pubertät –, und setzen Sie die mit dem Hinweis ins Chorgebet, sie sollten bitte still sein, während wir Mönche in unseren weißen Gewändern da vorne mit unseren jahrhundertealten gregorianischen Melodien Gott loben, dann werden Sie über die Reaktion erstaunt sein.« – »Was sagen die Jugendlichen dann?« – »Cool. Abgefahren. Machen Sie das öfter?« – »Aber Sie singen doch in Latein!« – »Kein Problem! Ich habe sogar das Gefühl, die empfinden das als stark, exotisch, aufregend – vielleicht als Unterschied, der den Unterschied macht.«

»Aber sind das nicht alles Romantizismen, die sich rasch erschöpfen?«, halte ich dagegen. »Unsere Mädels wollten auch unbedingt ins Internat, nachdem sie den ersten Harry Potter gelesen hatten.« Pater Karl schüttelt entschieden den Kopf: »Wenn Sie sich da mal nicht täuschen! Die Jugendlichen nehmen den Glauben in einer Weise ernst, dass wir Mönche manchmal vor Scham erröten – beispielsweise wenn wir Beichte hören und merken, wie ein junger Mensch bereit ist, sein ganzes Leben von Gott prägen zu lassen.« – »Aber das passt doch alles gar nicht zu dem, was manche Religionslehrer erzählen; die davon sprechen, dass Gott im Leben junger Menschen einfach nicht mehr vorkomme, dass der Atheismus sich wie Mehltau über eine ganze Generation gelegt habe …« – »Ja, das stimmt alles. Aber dafür gibt es ja Klöster, dass auch diese Generation religiös erschüttert wird. Und dass Jugendliche sich so erschüttern lassen, dass sie ihr ganzes Leben auf die Karte Gott setzen, das haben Sie ja wohl gesehen, oder?« – »Ja, es ist nicht wegzuleugnen, aber ich verstehe es nicht.«

Pater Karl denkt eine Weile nach; schließlich sagt er: »Ich denke, es hängt damit zusammen, dass wir Mönche hier ein radikal theozentrisches (= auf Gott zentriertes) Modell von Leben praktizieren. Einfacher gesagt: Wenn es den da oben nicht gibt, ist das totaler Quatsch, was wir machen. Kein Geld, keine große Freiheit auf den Balearen, kein Sex, keine Drogen, kein Rock 'n' Roll.« – »Denken Jugendliche wirklich so tief über das nach, was Sie machen?« – »Aber ja, sie mögen uns, weil wir gut zu ihnen sind, ohne sie zu vereinnahmen. Bei uns muss keiner am dritten Tag einen Taufschein ausfüllen oder gar eine Beitrittserklärung unterschreiben. Wir sind ein permanentes Rätsel für sie, besonders wenn sie uns in der stundenlangen Gottzugewandtheit beim Chorgebet erleben. Warum tun die so was Verrücktes, diese Mönche? Scheinbar gibt es diesen unsichtbaren Gott wirklich, sagt sich der eine oder die andere, ich habe ihn nur noch nicht entdeckt. Na, und dann ist die Spur gelegt! Den Rest besorgt der liebe Gott ganz alleine … Also, damit kann ich gut leben«, schmunzelt Pater Karl, »als wandelndes Gottesrätsel!«

Das Konzept leuchtet mir ein: »Klöster als Orte, an denen man Gott entdecken kann – für meine Begriffe eine wunderbare Funktionsbeschreibung! Bloß scheinen das nicht alle Ihre Mitmönche in anderen Klöstern begriffen zu haben. Sonst müsste es diesen Boom ja flächendeckend geben!« Pater Karl zuckt mit den Schultern: »Nicht alle Klöster

MAGNET HEILIGENKREUZ. DIE JUGENDVIGIL

haben diese vielen jungen Leute, wie wir sie hier haben. Also, man darf nicht ungerecht sein!« Ich mache aus meiner Meinung kein Hehl: »Wissen Sie, was ich glaube, Pater Karl? Einige Abteien und Klöster müssen sich nicht wundern, wenn die Welt sie vergisst und junge Menschen achtlos an ihnen vorübergehen. Sie dienen sich der Welt an mit Likör, Schnaps, Kunst oder Bier. Aber dazu sind Mönche ja wohl nicht da, dass man sie wegen ihrer Wirtschaftskompetenz, ihrer Kulturleistung, ihrer spirituell verbrämten Varianten eines im Grunde hedonistischen Lifestyles oder ihrer verfeinerten Geschmacksknospen wegen rühmt.«

Pater Karl schwankt zwischen Zustimmung und Ablehnung: »Klar, wenn Käse die einzige Sensation eines Klosters ist, dann ist dieses Kloster in der Tat Käse. Aber kommen Sie nur einmal auf unseren ›Klösterreich‹-Klostermarkt, auf dem Mitbrüder und Mitschwestern von 30 Klöstern und Stiften in der Tat all das feilbieten, was Sie da so kritisch bedenken: Klosterkäse, Klosterlikör, Klosterbier … Und was geschieht? Die Leute freuen sich an diesen wirklichen Highend-Produkten, kommen mit den Mönchen und Nonnen auf eine sympathische Weise ins Gespräch – und schon sind zwei Welten, die notwendig miteinander Kontakt haben sollten, im Austausch. Dann merken die Leute schon, dass wir noch ganz was anderes zu verkaufen haben als Käse! Aber wo Sie recht haben: Letztlich sind wir nur interessant, wenn wir wirklich anders leben.« – »Wie anders?« – »Gut, ich beschreibe Ihnen mal mein Ideal – die *Sensation, die wir sein müssen!* Wenn wir sind, was wir sein müssen, dann sind wir die gelebte Alternative zu einer Welt, die zunehmend hässlich wird, weil der Glaube an Gott verdunstet und sich in Luft auflöst. Bei uns ist es schön, weil wir alle Dinge auf Gott hin zu ordnen versuchen und ihm unser Bestes geben. Wir sind ein Ort der Wärme und Heimat in einer immer kälter, weil gottloser werdenden Welt. Wir sind die gelebte Alternative zu einer Welt des haltlosen Geschwätzes und immerfort Beschwatztwerdens, weil wir aus dem Schweigen leben und geduldig auf Gottes urkräftiges Wort warten … Und so weiter.«

Pater Karl verbreitet Begeisterung von der ansteckenden Sorte. Ich möchte keinen Wermut in den Wein gießen, habe aber jedoch auch genug von den Anfechtungen, Krisen, ja handfesten Skandalen gehört, die zu jedem Kloster (natürlich auch zu diesem) dazugehören: »Schauen Sie, Pater Karl, nun kommen diese jungen Leute zu Ihnen mit ihren großen Idealen! Werden sie nicht enttäuscht, wenn sie sehen, dass es hier im Kloster nicht nur Heilige gibt, sondern fehlbare, ja höchst fehlbare Menschen?« – »Finden Sie uns so abschreckend?«, lacht Pater Karl.

»Natürlich sind wir auch abschreckend. Oft meine ich, Benedikt könnte mich, könnte uns gemeint haben, wenn er in seiner Regel von denen spricht, die ›träge sind, schlecht leben und nachlässig sind‹ (RB 73,7). Ja, nun – Gott hat uns keinen Heiligkeitsautomatismus eingebaut. Doch wir wollen das – wollen heilig werden, wollen uns in dieser Sache meinethalben bis auf die Knochen blamieren. Ich denke, das merken die jungen Leute und finden das hoffentlich interessanter als den hybriden Anspruch einer Vollkommenheit, die es hier auf der Erde nicht gibt. Also, wir werden versucht. Wir kämpfen. Wir stürzen ab. Wir stehen wieder auf. Wir lassen uns neu mit Gott versöhnen und fangen wieder von vorne an. Wir sind Sünder, aber wir würden unsere Berufung verraten, wenn wir ein Gentleman's Agreement mit der Sünde abschließen. Gehen Sie mal davon aus: Wir alle hier wollen uns niemals der ›Schule für den Dienst des Herrn‹ (RB Prolog 47) entziehen.«

»Sie laden also junge Leute bewusst in eine unvollkommene Gemeinschaft ein, in ein Ideal, das Sie selbst nur fragmentarisch leben können?« – »Genau. Wollten wir abwarten, bis unsere Klöster Orte absoluter Harmonie und lupenreiner Geschwisterlichkeit wären, würden wir einer Utopie nachjagen und dadurch die Gnade blockieren, die gerade und nur in der menschlichen Schwachheit wirksam wird.«

Das Handy von Pater blinkt auf und spielt die Melodie, für die Pater Karls Handy berühmt ist, das »Veni Creator Spiritus« *[lat. = Komm, Schöpfer Geist!]*, gesungen von Mitbrüdern nach Art des gregorianischen Chorals: »Darf ich mal kurz ran?« Natürlich, kein Problem; wir haben ja genug gesprochen. Ich verabschiede mich mit einem Augengruß und einem Handzeichen, wende mich zum Gehen und höre noch im Rücken, wie Pater Karl das tut, was sein Charisma ist: Kontakte herstellen, Verbindung schaffen, Beziehung stiften. Im kommenden Jahr, hatte mir ein junger Mönch gesagt, werden es wahrscheinlich acht junge Leute sein, die mit dem Noviziat ihr Klosterleben beginnen. Irgendwo hatte ich gehört, es gäbe keine jungen Leute mehr, die an Gott glauben. Das muss ganz wo anders gewesen sein.

Pater Pirmin
oder: Wie man eine lebendige Visitenkarte wird

Wenn es eine Visitenkarte für Klöster benediktinischen Zuschnitts gibt, dann ist es die Tugend der Gastfreundschaft. »*Alle Fremden, die kommen, sollen aufgenommen werden wie Christus*«, heißt es apodiktisch in der Benediktsregel. Insofern gehört der Posten des Gastmeisters zu den wichtigsten Diensten in einer Kommunität. Häufig wird diese Aufgabe an der Grenze zur Welt einem erfahrenen, älteren Mitbruder anvertraut. Der Gastmeister ist nämlich häufig der Mönch, bei dem die Gäste ihr Herz ausschütten. Manche Gäste kommen bewusst, weil sie nicht mehr ein noch aus wissen. Bei anderen bricht erst in der Stille des Klosters etwas auf, was gelöst werden muss. Bei vielen ist es die religiöse Frage, die sie keine Ruhe finden lässt. Andere sind gequält von Ängsten, oder sie kommen im Beruf nicht mehr zurecht. In vielen Fällen geht es um Beziehung, Freundschaft, Liebe, Ehe, Scheidung, sexuelle Identität, Einsamkeit. Einige Gäste suchen im Kloster nur die Stille und das Gebet. Aber viele wollen doch den Ansprechpartner, und so muss sich der Gastmeister oft ganze Lebens-, Leidens- und Ehegeschichten anhören, muss raten und helfen, trösten und ermutigen, ermahnen und aufbauen, je nachdem. Am besten sollte ein guter Gastmeister Hotelier, Priester, Psychologe, Seelenführer und Mediator in einem sein.

Ich staune nicht schlecht, als mir der Gastmeister von Heiligenkreuz in Gestalt eines jungen, gutaussehenden dunkelhaarigen Mannes entgegentritt, der gerade einmal ein halbes Jahr Priester ist. Ich staune noch mehr, als ich erfahre, dass Pater Pirmin (40) diesen Posten bereits kurz nach dem Noviziat vom Abt anvertraut bekam. »Irgendwie scheinen Sie ein erfahrener Mann und gefestigter Charakter zu sein«, erlaube ich mir die kleine Frechheit, »sonst hätte Sie der Herr Abt nicht all den hübschen Damen ausgesetzt, die hier wohl auch an die Pforte klopfen.« Pater Pirmin kann über den kleinen Gag herzlich lachen: »Wenn ich einer wäre, der mit der nächsten hübschen Frau das Weite sucht, dann wäre ich schon lange nicht mehr hier. Aber Sie haben schon recht. Es gibt auch Frauen, die es darauf anlegen, eine gewisse Grenze der Vertraulichkeit zu überschreiten.« – »Was tun Sie dagegen?« – »Erstens werden Sie mich nie anders als im Habit sehen. Damit zeige ich schon einmal: Als Priester, Mönch, Seelsorger bin ich zu haben – als Mann nicht. Zudem gibt es die Klausur (= *der geschlossene Bereich der Mönche, der von Fremden nicht betreten werden darf*). Nach der Komplet stehe ich – wie es in der Regel vorgesehen ist – auch nicht mehr für Gespräche zur Verfügung. Aber nun lassen wir das Thema bitte. Ich habe andere Probleme, als dass ich mir permanent überlege, wie ich mich der schönen Augen erwehren könnte.« Im Laufe des Gesprächs wird mir deutlich, warum dieser relativ junge Mann eine Vertrauensstellung in der Kommunität genießt und warum er etwa in den Abtrat, dem engsten Beraterkreis des Abtes, gewählt wurde. Er strahlt Ruhe und Sicherheit aus, ist sichtlich mit sich im Reinen.

Wie bei allen Mitbrüdern frage ich auch bei Pater Pirmin, wie er ins Kloster gefunden hat. Ursprünglich war Pirmin Tischler. Bis er 29 Jahre alt war, arbeitete er als Holzkaufmann. Mit 23 Jahren brach bei ihm die Frage auf, ob er nicht vielleicht doch lieber Priester werden sollte. Pirmin fühlte sich hin- und hergerissen. In seiner Ratlosigkeit machte er ein Gelübde: »Wenn ich Klarheit bekomme, dann will ich eine Fußwallfahrt zu Maria, der Mutter vom guten Rat, unternehmen.« Das waren gut und gerne 250 km! Und Pater Pirmin musste sich tatsächlich auf die Socken machen, denn er bekam das Zeichen.

Pirmin trennte sich von der Freundin und ging in ein sogenanntes Spätberufenenseminar, wo er in vier Jahren das Abitur nachholte und sich auf einen geistlichen Beruf vorbereitete. »Wie kamen Sie ausge-

Frater Pirmin (rechts) entspannt sich beim Basketball

rechnet zu den Zisterziensern nach Heiligenkreuz?« – »Einmal empfahl man mir einen Kapuziner als Ratgeber. Aber eine kapuzinische Berufung wurde es dann doch nicht; mir fehlte da die Liebe zur Liturgie. Schließlich standen zwei Zisterzienserklöster zur Auswahl. Sie werden lachen, warum ich mich für Heiligenkreuz entschied – ich schaute mir an, wie die Mönche zur heiligen Kommunion gehen. In Kloster X – ich verrate den Namen nicht – saßen die da und schauten gelangweilt ins Publikum. In Heiligenkreuz berührte es mich, wie die Mönche ganz versunken beteten. Da gehst du hin, sagte ich mir, die sind fromm!« Mir war auch aufgefallen, wie sich die Mönche, nachdem sie vom Kommunionempfang in die Chorstallen zurückkehren, verhalten. Über einen längeren Zeitraum knien sie still auf dem Boden; einige werfen sich nach alter Zisterziensertradition die weiten Flügel der Kukulle über den Kopf, um ganz unter dem Stoff verborgen zu sein. Der mystische Gestus des Ganz-bei-Gott-sein-Wollens hatte auch mich nachhaltig beeindruckt.

»Was gefällt Ihnen so, hier Mönch zu sein?« – »Das Chorgebet ist eine herrliche Sache. Ich freue mich immer wieder, es zur Konstante meines Lebens gemacht zu haben. Und dann fühle ich, dass ich hier auch persönlich aufblühe, weil man meine Anlagen und Talente sieht und fördert. Denken Sie mal, früher habe ich nie Musik gemacht, habe nie gesungen. Nun singe ich in der Schola mit, durfte sogar bei der Aufnahme von ›Chant‹ mitmachen. Ich war eher zurückhaltend. Nun schickt mich der Abt zu Interviews oder ins Fernsehen. Das wäre mir im Leben nie eingefallen. Nun soll ich das tun – und siehe da, ich kann es!«

In seinem Kloster, besonders in seiner Verantwortung als Gastmeister, fühlt sich Pater Pirmin in seinem Element: »Etwa 1800 Menschen nehmen wir hier Jahr für Jahr als Gäste auf. Natürlich weisen wir auch Anträge zurück, etwa wenn wir den Eindruck haben, hier möchte jemand nur billig Urlaub machen. Es sollte schon eine Sehnsucht nach persönlicher Erneuerung, nach innerem Frieden, nach Gott vorhanden sein. Dann ist man als Gast im Kloster richtig und darf mit unserer Gastfreundschaft rechnen. Das ist übrigens nicht nur ein Dienst, den wir am Gast leisten. Auch wir profitieren davon. Was glauben Sie, wie schön das ist, wenn man Menschen im Gespräch helfen kann! Es ist noch schöner seit einem halben Jahr. Denn nun bin ich Priester, kann die Beichte hören und muss die Leute mit ihren seelischen Lasten nicht mehr in jedem Fall zu einem Mitbruder schicken.«

Ich frage Pater Pirmin nach seinem schönsten Erlebnis als Gastmeister. Statt einer Geschichte kommt gleich ein halbes Dutzend: »Gerade konnte ich helfen, dass eine Frau, die aus der Kirche ausgetreten war, wieder zum Glauben, zur Kirche fand. Genauso schön war die Geschichte von der Frau, die gerade eine Beziehung neben ihrer Ehe angefangen hatte und von uns Patres eine Art höheren Segen für ihre ›unsterbliche neue Liebe‹ haben wollte. Damit konnten wir natürlich nicht dienen. Mittlerweile hat sie ihre Affäre aufgegeben; sie will neu mit ihrem Mann anfangen. Oder da ist die Geschichte von dem Mann, der es zu Hause nicht mehr ausgehalten hat; seine Ehe sei einfach die Hölle. Immer wieder suchte er das Gespräch. Er zog sogar ins Hotel in der Nähe des Klosters. Nach zwei Wochen besuchte ihn seine Frau. Nach drei Wochen kamen auch die Kinder. So geht das hier permanent. Die Leute wissen, dass sie jemand haben, mit dem sie unverstellt sprechen können. Und nicht nur das. Ich nehme das, was mir anvertraut wird, auch ins Gebet mit oder bitte meine Mitbrüder, dafür zu beten. So entsteht hier viel Gutes.«

Mit Pater Pirmin spreche ich auch über ›CHANT‹ und dass nicht alle Mitbrüder uneingeschränkt hinter dem Projekt stehen: »Sie sagen, der Choral wird für Gott gesungen. Er darf keine Show sein. Und Mönche sollen keine ›Stars‹ sein. Wie sehen Sie das?« – »Was die Mitbrüder sagen, stimmt, aber es ist nur die halbe Wahrheit. Ich stehe voll und ganz hinter ›CHANT‹ und der damit signalisierten Öffnung. Wir Mönche, die wir bei der Aufnahme mitgesungen haben, suhlen uns doch nicht im Bad in der Menge. Wir drucken auch keine Autogrammkärtchen und eröffnen keinen Fanshop. Wir geben nur ganz vielen Menschen die Möglichkeit, eine himmlische Musik zu hören, darüber neugierig zu werden und sich möglicherweise in einem weiteren Schritt für Gott zu öffnen. Also für mich ist das Pastoral (lat. *pastor* = Hirte; gemeint ist Seelsorge).«

Frater Athanasius
oder: Wie man gregorianischen Choral endlich versteht

Nach den beiden »Außenministern« des Stifts, Karl und Pirmin, freue ich mich nun, einem Mönch zu begegnen, der dafür bekannt ist, eher zurückgezogen zu leben. Einen mitteilsamen, immer zu Scherzen aufgelegten Jungmönch hatte ich im Kreis anderer nach Athanasius gefragt. Er hatte mir geantwortet: »Sie erkennen ihn ganz leicht. Es ist der Graumelierte an den Flaschen – heute abend auf dem Rollfeld.« Die kryptische Auskunft löste allgemeine Heiterkeit aus. »Rollfeld? Sie meinen den Catwalk?«, setzte ich noch einen Scherz obendrauf. Jeder wusste, was gemeint ist. Für Gäste ist es eine besondere Ehre, wenn sie ins Refektorium (= Speisesaal) der Gemeinschaft mitgenommen werden. Nach dem Chorgebet wird man durch Einladung gebeten, sich in eine der beiden Reihen einzufügen, in der die Mönche, immer der nächsten Kukulle hinterher, von der Kapelle durch den Kreuzgang ins Refektorium einziehen. Dabei handelt es sich um einen langgestreckten Raum im Stil des Rokoko, auf dessen beiden Seiten zwei Tischreihen gedeckt sind. Man sitzt also mit dem Rücken zur Wand und sieht auf die Mönche an der gegenüberliegenden Seite. Die Mitte – gewissermaßen der Laufsteg, das Rollfeld – ist frei für ein Schauspiel eigener Art. Der Abt, der mit seinen Vertrauten oder Gästen, die er besonders ehren möchte, am Tisch auf der Stirnseite sitzt, gibt, nachdem alle Platz genommen haben, ein Klingelzeichen. Daraufhin öffnet sich die gegenüberliegende Flügeltür – und herein streben vier Mönche, denen gerade der Dienst an den Tischen aufgetragen ist. Der eine trägt zwei Löffel, der nächste zwei Weinflaschen – rot zur Rechten, weiß zur Linken –, der dritte schiebt den Suppenwagen, der vierte zelebriert Säfte. Mit großer Geste wird man bedient und vollendet umsorgt. Natürlich läuft hier keine Show ab, sondern ein beeindruckendes Schaustück dieser alten, verfeinerten monastischen Kultur. Dass Frater Athanasius (39), ein ernster, kluger und vornehmer Mann, der eine ganze Reihe alter Sprachen studiert hat, sich demütig für den Dienst an den Tischen bereit findet, macht nachdenklich.

Frater Athanasius eilt der Ruf voraus, ein wackerer, wenn auch ein wenig einsamer Verfechter des Lateinischen in der Liturgie zu sein. Erst im Oktober 2005 stieß der studierte Altphilologe und Religionswissenschaftler zu den Heiligkreuzer Mönchen. Es macht Freude, sich mit dem umfassend gebildeten Mann zu unterhalten, der gleich zu Beginn unseres Gesprächs bekennt: »Ich liebe Latein!« – »Kein Wunder«, provoziere ich ihn, »Sie haben das ja studiert.« – »Ich liebe Latein, nicht weil ich Altphilologe bin«, präzisiert Athanasius, »ich bin Altphilologe, weil ich Latein liebe, und dafür gibt es eine Menge Gründe jenseits dessen, dass die Sprache einzigartig schön ist.« – »Nennen Sie den Hauptgrund!« – »Latein ist nach wie vor die Sprache der Kirche. Die katholische Kirche hat das Latein nie abgeschafft.« – »Aber das Zweite Vatikanische Konzil …«, will ich einwenden. – »Nein, das ist ein geläufiger Irrtum«, belehrt mich Frater Athanasius. »Das Zweite Vatikanische Konzil hat Latein als Sprache des Gottesdienstes ausdrücklich beibehalten und empfohlen. Man wollte in begrenztem Umfang die Volkssprache in der Liturgie erlauben, nicht aber die Liturgie in der Volkssprache. Was dann kam, hätten sich die Konzilsväter im Traum nicht vorgestellt.«

Was dann kam, habe ich am eigenen Leib noch miterlebt. Als kleine Ministranten mussten wir noch das *Confiteor* (Ich bekenne …) und den Zungenbrecher aller Zungenbrecher, das *Suscipiat* (Der Herr nehme das Opfer an), im Schlaf herunterrasseln können. Alle Gottesdienstbesucher kannten die feststehenden Teile der heiligen Messe – das (griechische) *Kyrie* (Herr, erbarme dich), *Gloria* (Ehre sei Gott), *Credo* (Ich glaube an Gott), *Sanktus* (heilig) und das *Agnus Dei* (Lamm Gottes). Und wenn Totenmesse war, wussten fast alle Gottesdienstteilnehmer

DIE MÖNCHE BEIM TISCHGEBET IM REFEKTORIUM

die gemeinsamen Teile des *Requiems* (Ewige Ruhe schenke) zu singen. Über Nacht verschwand das plötzlich vom Spielplan. – »Das war der Rückfall in die Provinzialität«, hält Frater Athanasius mit seiner Meinung nicht hinter dem Berg. »Wir sind doch *Weltkirche!*«

»Als Kind habe ich Latein nicht vermisst«, schildere ich Frater Athanasius meine Erlebnisse, »aber später habe ich manchmal gedacht: Was für ein Jammer, dass wir diese internationale Sprache der katholischen Kirche nicht mehr haben!« – »Bei welcher Gelegenheit haben Sie das empfunden?«, interessiert sich Athanasius für meine Erfahrungen. »Natürlich auf Reisen, am nachdrücklichsten in Frankreich, wo man zu einem gewissen Zeitpunkt Gottesdienste fast nur noch auf ›partage‹ [teilen, Austausch, Gespräch] umgebaut fand. Wenn man dann kein Französisch kann, fühlt man sich sehr fremd. Vielleicht hätte das

Konzil doch einen mutigen Entschluss fassen und kurzerhand Englisch als Lingua franca der katholischen Kirche einführen sollen, wenigstens in gewissen Teilen. Was meinen Sie?«

Frater Athanasius ist sichtlich nicht einverstanden mit diesem Vorschlag: »Latein ist mehr als eine internationale Verständigungssprache der Kirche. Seit dem 4. Jahrhundert spricht die Kirche Latein; ja sie heißt sogar im Westen die ›Lateinische Kirche‹. Rom ist der Ort, an dem Petrus und Paulus starben. Die Verbundenheit mit Rom war immer das Zeichen der Einheit. Wer in Kommuniongemeinschaft mit der römischen Kirche stand, gehörte dazu. Latein ist die Sprache der frühen Märtyrer Roms und weiter Teile des damaligen Reichs. Ungezählte Heilige der christlichen Frühzeit und des Mittelalters sprachen Latein. Alles, was die Kirche wusste, hat sie in Latein ausgedrückt, und dies in nicht mehr zu überbietender Klarheit. Tradition ist Sprache. Sprache ist Tradition. Wenn wir hier gregorianischen Choral singen, also eine Art der Sakralmusik, die zum Teil über 1000 Jahre alt ist, dann haben wir eine Einheit von Sprache und Musik, die nicht auflösbar ist. Man kann gregorianischen Choral eigentlich nicht auf Deutsch singen, ohne ihm die Kraft zu nehmen.« – »Muss sich die Kirche denn in sprachlicher Uniformität ausdrücken?«, halte ich dagegen. »Ist es nicht schön, wenn wir Gott in vielen Sprachen und Dialekten loben?« – »Ja, einerseits kommt darin ein Reichtum zum Ausdruck. Andererseits ist es gerade das Kennzeichen der Kirche, dass sie aus vielen Völkern und Stämmen zu einer Einheit zusammengefasst ist. Pfingsten, die Urstunde der Kirche, war zugleich ein *Sprachenwunder*, bedenken Sie das!« – »Und Latein wurde Ihrer Auffassung nach die Muttersprache des Glaubens?« – »Nein, das wäre vielleicht übertrieben; aber man kann sagen: Durch die universale Geltung der lateinischen Kultsprache in der Liturgie der römischen Kirche konnte wie in einem Nachklang zum Sprachenwunder von Pfingsten die babylonische Sprachenverwirrung für mehr als anderthalb Jahrtausende als überwunden gelten.« – »Und heute haben wir sie wieder, die babylonische Sprachenverwirrung?« – »Natürlich. Was wäre das für

FRATER ATHANASIUS BEIM CHORGEBET

ein sprechendes Zeichen, wenn man von Rom bis Rio, von Los Angeles bis Berlin, von Paris bis Johannesburg wieder zentrale Inhalte und Gebete der Kirche in *einer* Sprache hätte – *hätte* und *verstünde* – einer Sprache, die nicht eine bestimmte Nation bevorzugen würde!? Englisch gehört den Engländern und Amerikanern, Französisch den Franzosen. Latein gehört allen Menschen aller Nationen.«

»Aber machen wir uns doch nichts vor«, versuche ich das Ideal in Kontakt mit der Wirklichkeit zu bringen, »die Kirche wird niemals die gewaltige Kulturleistung aufbringen, Latein wieder zu *ihrer Sprache* zu machen.« – »Sie missverstehen mich«, meint Frater Athanasius, »meine Überlegungen sind viel bescheidener. Latein wird überall auf der Welt wieder verstärkt gelernt, weil es viele Vorteile bietet. Die katholische Kirche sollte so viel Selbstbewusstsein haben, dass ihre Mitglieder Gloria, Credo, Sanctus usw. auch in Latein sprechen und verstehen können – als einen kleinen Tribut an die Einheit und als ein stolzes Zeichen der weltweiten Zusammengehörigkeit. Von den monastischen und kontemplativen Klöstern sollte und darf man mehr verlangen …« – »Höre ich da eine leise Kritik an Ihren Mitbrüdern heraus?« Frater Athanasius zieht etwas die Brauen hoch: »Sehen Sie es dem Altphilologen nach! Aber wenn die Kirche eine Kultsprache hat, dann muss sie auch irgendwo gepflegt werden.«

Ich bleibe an dem Wort ›Kultsprache‹ hängen: »*Kultsprache* … Da werden viele sagen: Das ist so überflüssig wie ein Kropf.« – »Finden Sie das überflüssig – eine eigene Sprache für das Heilige? Fast die gesamten Kirchen des Ostens benutzen jeweils Sakralsprachen, durch welche die heiligen Vorgänge der Banalität des Alltäglichen entzogen werden.« Beim Thema Banalisierung hakt etwas ein bei mir. Oft habe ich mich gefragt, was das soll, wenn Liturgen bei Kindergottesdiensten vor lauter wortreichen Erklärungen heiliger Handlungen nicht mehr zu heiligen Handlungen kamen. »Sie lassen die Kinder in den Kelch sehen. Was sehen sie? Wein.« – »Genau«, pflichtet mir Athanasius bei, »beim Mysterium kann man nichts sehen. Deshalb gibt es in der Ostkirche die Ikonostase (= Bilderwand, hinter der die heiligen Handlungen stattfinden). Und so verstehe ich auch die Funktion von Latein in der heiligen Messe. Es hat gewissermaßen die Funktion einer sprachlichen Ikonostase, die auf einer rein intellektuellen, semantischen Ebene verbirgt, um gerade so das Mysterium umso deutlicher werden zu lassen. Wissen Sie, das absolut Kostbare braucht auch einen kostbaren Rahmen. Ein bisschen Latein sollten wir uns leisten. Ein bisschen Luxus muss sein.«

Frater Martin
oder: Wie man ehelos
bestens verheiratet sein kann

Folgt man dem Philosophen Schopenhauer (und nicht nur der eigenen Erfahrung), so gibt es neben dem Willen, in dem sich der Kampf um das Überleben aller Wesen manifestiert, nur noch einen, ihm an Stärke fast ebenbürtigen Treiber, den Geschlechtstrieb. Was bis in die Neuzeit diskret unter der Decke gehalten wurde, hat Sigmund Freud ans Licht der Öffentlichkeit gezerrt: das sexuelle Interesse von jedermann und jederfrau. Insofern erscheinen Mönche, Priester, Ordensfrauen wie Wesen von einem anderen Stern. Natürlich ist der Fokus der Öffentlichkeit auf diese sonderbaren Menschen gerichtet, die vorgeben, sie wollten/könnten/müssten um des Himmelreichs willen auf die Erfüllung ihrer geschlechtlichen Wünsche verzichten. Sicher gibt es nicht wenige Zölibatäre, die auf grandiose Weise an ihren Absichten scheitern. Sie werden genüsslich bis boshaft durch die Presse gezogen. Weniger berichtenswert ist es, dass es integer gelebten Zölibat bei vielen Priestern und Ordensleuten gibt – vielfach sogar auf eine leuchtende Weise – und dass es immer noch vitale junge Menschen gibt, die sich diesem an die existenziellen Wurzeln gehenden religiösen Projekt verschreiben. Sie entscheiden sich nicht für die ehelose Lebensweise, weil sie als Asketen bewundert werden wollen – so etwas gab es in der Antike –, auch nicht weil sie die Ehe für etwas Minderwertiges oder Sex für etwas Schmutziges halten. Sie verzichten auch nicht auf Sex, weil sie keine Gelegenheit zu erotischen Verbindungen gefunden hätten oder frustriert aus solchen hervorgegangen sind. Sie berufen sich einfach auf Jesus. Trotz Dan Brown und anderen Geschichtsklitterern: Jesus selbst lebte ehelos; er ist gar nicht anders als in seiner Ehelosigkeit zu verstehen. Es war seine bewusste Lebensweise, mit der er zeichenhaft den Anbruch des Himmelreichs ankündigte. Er hat seine Nachfolger dazu eingeladen, es ihm gleichzutun. Wie es geht, hat er nicht gesagt.

Ich habe einen der Fratres, den 2005 eingetretenen Frater Martin (28), eingeladen, um seinen zwischenzeitlichen Erkenntnisstand abzufragen. »Bitte schickt mir keinen ›Könner‹«, hatte ich gebeten. Ich spreche mit einem warmherzigen, offenen jungen Mann, der mich glücklicherweise nicht mit abgeklärten Rezepten überrascht, eher mit einem oft schmerzhaften Suchen auf das Wort Jesu hin. »Wenn Sie meine Biographie hören, werden Sie sich bestimmt Ihren Teil denken«, meint Frater Martin, »mein Vater war nämlich schon Priesteramtskandidat!« – »Aha, jetzt soll ich also denken: Der arme Sohn muss das unvollendete Lebensprojekt des Vaters zu Ende führen!« – »So ähnlich. Aber so war's nicht. Mit meinem Vater habe ich mich in meiner Jugend in vieler Hinsicht gefetzt. Religiös war er nicht bestimmend für mich. Ich bin schon aus freien Stücken ins Kloster gegangen – und das auch nicht sofort nach der Matura. Ich habe zunächst meinen Zivildienst abgeleistet und habe dann in Wien Jura studiert. In dieser Zeit wurde mein religiöses Interesse immer stärker. Ich habe in mir die Sehnsucht gespürt, Gott zu dienen, mich ihm ganz hinzugeben. Also – wie soll ich das beschreiben – ich habe *Liebe für Gott* gespürt. In jeder wirklichen Liebe ist so ein Antrieb, der aufs Ganze geht. Sie kennen das Wort von Bernhard: ›Das Maß der Liebe ist Liebe ohne Maß‹? Es ist, als würde dich Gott fragen: Was bin ich für dich? Und du antwortest: der Wichtigste! Und er fragt dich weiter: Was würdest du für mich tun? Und du antwortest: Alles! Und dann fragt er noch: Wird es etwas geben, das du mehr liebst als mich? … Das ist so die Nahtstelle!«

Frater Martin und ich hatten vereinbart, offen zu reden. Also mache ich Gebrauch davon: »Sie hatten eine Freundin? Eine Liebesgeschichte mit einer Frau?« – »Nein, hatte ich nicht. Sicher, ich war mit verschiedenen Mädchen befreundet. Aber eine feste Freundin, eine längere Beziehung, nein, das hatte ich nicht.« – »Und es könnte nicht sein, dass Sie das später vermissen?« – »Ich weiß es nicht. Könnte sein, ja.« – »Sie verstehen, warum ich das frage«, versuche ich mich verständlich zu machen. »Es gibt viele, die das zu spät entdecken. Die sich irgendwann sagen: Ohne diese Erfahrung kann ich nicht leben. Die aus dem Orden oder Priesteramt aussteigen. Die bleiben, unglücklich sind, sich einen illegitimen Seitenweg verschaffen.« Mir gefällt an Martin, dass er keine Sicherheit vorspielt, die noch nicht in ihm ist. »Wissen Sie, es ist so«, klärt mich der junge Mönch über seinen Status auf, »ich habe hier in Heiligenkreuz meine Zeitlichen Gelübde abgelegt. Das heißt: Ich habe mich sozusagen verlobt, aber noch bin ich frei, bin nicht auf ewig gebunden. Ich möchte testen, ob ich meine ehelose Liebe zu Gott leben kann. Das kann man nur, wenn man ins Wasser springt. Wenn man das entschieden lebt.« – »Was heißt das?« – »Nun, dass man die Brücken hinter sich abbricht. Nicht hier noch ein Flirt, da noch ein Flirt. Nicht hier eine Ersatzbefriedigung und dort noch eine. Das heißt in einer von Sex bestimmten Zeit auch, dass ich mit Medien, die ja oft erotische Inhalte bieten, sehr klug umgehen muss.« – »Und, geht das?« – »Eine gute Frage. Ich bin am Lernen. Es bleibt wohl eine offene Wunde. Aber diese Wunde kann auch ein Stachel sein, der mich immer wieder auf meine Liebe zu Gott hinweist.« – »Was denken Sie – werden Sie das schaffen, oder wird das nur eine endlose Quälerei für Sie?« – »Ich hoffe, dass Gott mir die Gnade gibt, meine Liebe zu ihm leben zu können. Im Moment stelle ich fest, dass der Schmerz größer wird ...«

Wieder ist unser Gespräch an einem Punkt angekommen, an dem ich die ehrliche Selbstprüfung des jungen Mannes bewundere. Viele junge Mönche, denke ich, haben es einfacher als Martin. Sie konnten Erfahrungen sammeln und schließlich dem Impuls ihres Herzens folgen – ins Kloster. Ich erzähle Martin von einem Gespräch mit einem älteren Mitbruder in Heiligenkreuz, mit dem man ganz offen über die zölibatäre Problematik sprechen konnte. Seine Ansichten waren so interessant, dass ich mir gleich einige Notizen machte: »Zölibat ist nicht die Eli-

FREUNDLICH UND ENGAGIERT: FRATER MARTIN

minierung geschlechtlicher Antriebe, dann wäre ja der beste Zölibatär einer, der so neutral ist wie die Schweiz. Ganz im Gegenteil: Wir sollen ja keine Neutren sein. Wir sollen uns als *Männer* Gottes, als *Frauen* Gottes einbringen – sollen unsere Väterlichkeit oder Mütterlichkeit optimal entfalten. Ein Priester, der nicht gleichzeitig ein *guter Vater* ist – und es auch als Ehemann sein könnte –, dem fehlt etwas. Und eine Ordensfrau, die nicht eine *Aura von Mutter* verbreitet, gibt eine traurige Gestalt ab. Ja, natürlich brauche ich meine geschlechtliche Vitalität bei allem, was ich tue. Aber schwierig ist es doch, wenn man seine Sexualität spürt und sie ja auch braucht und deshalb gar nicht ausschalten will. Da reden sie immer von Sublimierung. Man könne seine erotischen Antriebe irgendwie kultivieren. Das stimmt natürlich in gewissem Maß. Das unterscheidet den Menschen ja vom Tier, dass wir nicht gerade aufeinander losstürzen müssen, wenn sich die Hormone melden, sondern beispielsweise auch ein Gedicht schreiben können. Aber letztlich muss ich sagen: Auf *natürliche* Weise lässt sich kein Zölibat leben. Da gibt es keine Tricks: Mach's so, mach's so! Dabei kommen nur scheinheilige Tugendbolde oder krumme Charaktere heraus: kalte Fische oder alte, böse Frauen, verachtende Knaben *[ich denke: wie Schopenhauer wohl einer war]* … Zölibat, das geht nur auf *übernatürliche* Weise. Es geht nur als *Wunder*. Es geht nur im Gebet … Wir sind übrigens keine Singles und haben der Singlegesellschaft eher wenig zu sagen. Wir sind nämlich gar keine Spezialisten für das Alleinbleiben. Wir leben eine Liebe, nur eine mit Gott. Wir sind verheiratet mit ihm. Alles, was man darüber wissen muss, steht im Hohelied der Bibel. Natürlich geht es um Vereinigung, um Hochzeit und so weiter. Das sollten wir Zisterzienser besonders gut wissen. Wer den Zölibat anstrebt, weil er allein bleiben möchte, wird menschlich scheitern.«

Ob Frater Martin eines Tages die Ewigen Gelübde ablegen und die ehelose Lebensweise für immer versprechen wird, ob er dieses Versprechen wird halten können – noch steht es dahin. Ich bin sicher, er wird in der richtigen Richtung suchen. Ich entlasse Frater Martin und schicke ihm ein kleines Gebet hinterher: »Gib ihm, Herr, ein ungeteiltes Herz, wo immer du ihn haben willst!«

Frater Damian
oder: Wie man Choreographie studiert, ohne Ballett zu können

In der nahezu neunhundertjährigen Geschichte von Heiligenkreuz gab es viele besondere Tage, kaum einer aber bedeutet den Mönchen so viel wie der 9. September des Jahres 2007. An diesem Tag kam der Papst persönlich (und wie es heißt »auf besonderen eigenen Wunsch«) in das Kloster im Wienerwald. Nun ist jede Geste des Nachfolgers Petri aufgeladen mit Symbolik. Warum Benedikt XVI. Heiligenkreuz zur ›heimlichen Mitte‹ seines Österreich-Besuchs machte, ist vollkommen klar: Es war die Liebe des Papstes zur *Liturgie* und seine Sehnsucht, es möchte sich doch aus dem Geist des Mönchtums heraus die Kirche in ihren Gottesdiensten erneuern. Mit Frater Damian hatte ich mich verabredet, weil ich hörte, dass er eine besondere Liebe zur Liturgie hat.

Frater Damian (24) macht einen frischen und aufgeräumten Eindruck; heiter, klar und präzise steht er mir Rede und Antwort. Bald gewinne ich den Eindruck, dass hinter diesem jungen Mann ein außerordentliches Elternhaus, ja ein intaktes Milieu steht, so geradlinig und frei kommt er mir entgegen. Sein Weg in den Orden ist keineswegs verschlungen. Ein starkes, gleichzeitig Freiheit schenkendes christliches Elternhaus, eine gute Gemeinde mit einem mitreißenden Kaplan, das Erlebnis der Weltjugendtage in Rom und dann in Köln, dann das Studium als Laie an der Theologischen Hochschule in Heiligenkreuz, das Angestecktwerden durch Mitstudenten, die »keine halben Sachen machten«, sondern gleich in den Orden eintraten. All das passt zusammen für einen herzhaften Entschluss. »Den Frater Johannes Paul haben Sie ja schon kennengelernt. Wir haben zufällig beide den Taufnamen ›Jakob‹ – und wir haben so viele ähnliche Erfahrungen. Besonders die beiden letzten Päpste Johannes Paul II. und Benedikt XVI. haben uns begeistert und unsere Liebe zur Kirche vertieft. Also sind wir auch beide 2006 Novizen geworden, übrigens mit fünf anderen. Wir halten alle richtig gut zusammen. Wir wissen, wohin wir wollen. Alle sieben sind noch mit von der Partie!«

»Dann war es für Sie wohl ein ganz besonderes Ereignis, dass Sie mal nicht zum Papst, sondern der Papst zu Ihnen kam?« – »Das können Sie wohl glauben. Ihn zu sehen, ihm die Hand zu schütteln, vor allem ihn zu hören – das werde ich nie vergessen. In seiner Ansprache hat er mir aus dem Herzen gesprochen.« – »Es ging um Liturgie …« – »Nicht nur. Es ging um unser ganzes Leben als Mönche. Der Mittel-

Frater Damian sorgt für eine würdige Liturgie

punkt unseres Lebens ist nun einmal das Gebet, die Liturgie, der Gottesdienst.«

Frater Damian hat mir die Rede des Papstes mitgebracht. »Darf ich Ihnen daraus zwei, drei Sätze vorlesen? Sie sind ganz wichtig für mich geworden. Der Papst sagte zu uns: ›*Sie sind von Beruf Betende. In der Väterzeit wurde das Mönchsleben als Leben nach der Weise der Engel bezeichnet. Und als das Wesentliche der Engel sah man es an, dass sie Anbetende sind. Ihr Leben ist Anbetung. So sollte es auch bei den Mönchen sein. Sie beten zuallererst nicht um dies oder jenes, sondern sie beten einfach deshalb, weil Gott es wert ist, angebetet zu werden.*‹ Wissen Sie, warum mich das so angesprochen hat? Wegen dem Wort ›Anbetung‹. Das ist für mich Liturgie: Eine heilige Handlung voller Schönheit, Ehrfurcht und Würde, in der sich Gott uns zuwendet und in der wir uns Gott selbst zuwenden, weil er es absolut wert ist, angebetet zu werden. Und hören Sie, was der Papst noch sagte: ›*Die Schönheit einer solchen Gesinnung wird sich in der Schönheit der Liturgie ausdrücken, so dass dort, wo wir miteinander singen, Gott preisen, feiern und anbeten, ein Stück Himmel auf Erden anwesend wird*‹. Und dann forderte der Papst: ›*Bei allem Bemühen um die Liturgie muss der Blick auf Gott maßgebend sein … Wo immer man bei liturgischen Besinnungen nur darüber nachdenkt, wie man Liturgie attraktiv, interessant, schön machen kann, ist Liturgie schon verfallen. Entweder ist sie Opus Dei mit Gott als dem eigentlichen Subjekt oder sie ist nicht … Gestaltet die heilige Liturgie aus dem Hinschauen auf Gott in der Gemeinschaft der Heiligen, der lebendigen Kirche aller Orte und Zeiten so, dass sie zu einem Ausdruck der Schönheit und Erhabenheit des menschenfreundlichen Gottes wird*‹.«

Frater Damian legt das Papier weg: »Das finde ich toll! Damit kann ich mich hundertprozentig identifizieren. Das ist mein Traum von Liturgie.« – »Merkwürdig, solche Ansichten von Ihnen zu hören«, sage ich, der ich zu einer Zeit aufgewachsen bin, in der man beim Wort Jugendgottesdienst unwillkürlich an *Blowing in the wind* dachte und sich fragte: Wo steht Susi, und wann kommt der Friedensgruß? Frater Damian lacht: »So vergehen die Zeiten. Auf Händchenhalten kann ich verzichten. Die Liturgie steht im Messbuch, nirgendwo sonst. Wer einen Event draus macht, feiert maximal sich selbst. Das muss ich mir nicht antun.«

»Sie, Frater Damian, bekleiden hier das Amt des Zeremoniärs. Ein bisschen respektlos gesagt: Sie achten auf die Choreographie?« – »Ja, so denken viele – dass ich als so eine Art Anstandswauwau oder Oberaufpasser fungiere, der für den korrekten Ablauf eines komplizierten Zeremoniells sorgt. Das ist aber ein sehr äußerliches Denken. Wir vollführen hier kein höfisches Zeremoniell. Zum Ballett fehlt mir jedes Talent. Bedenken Sie, was während einer heiligen Messe geschieht: Gottes Gegenwart ereignet sich unter uns! Dazu sind uns heilige Zeichen geschenkt, die wir in größter Schönheit und Würde unter uns erstehen lassen. Dazu gehören heilige Gebete, Geräte, Gewänder, Gesänge – ein einzigartiges Gesamtkunstwerk, das in der Lage ist, die Seele des Menschen zu Gott zu erheben.« Begeistert schildert mir Frater Damian, wie viel Liebe und Sorgfalt nötig ist, damit der Gottesdienst wirklich zu einem sprechenden Zeichen wird. »Dass ich dazu einen Beitrag leisten darf, das macht mir große Freude!«

Pater Raynald
oder: Wie man ein echter Freak wird, ohne je ein Hippie gewesen zu sein

*P*ater Raynald (78) liefert – fast hätte ich gesagt – ein Bild für die Götter. Sein alttestamentarischer Prophetenbart in Kombination mit dem Zisterzienserhabit und einem schwarzen Scheitelkäppchen macht optisch einfach Sensation. Junge Leute müssen den alten Herrn für ein Freak halten. Dabei ist das Outfit von Pater Raynald keineswegs die skurrile Marotte eines alten Sonderlings, der so was in der Postmoderne noch einmal tragen darf. Pater Raynald sah einfach keinen Anlass, die Mode zu wechseln. Über Jahrhunderte sahen Zisterzienser so aus, wie er heute noch aussieht. Sich den Bart zu scheren, nur weil wir das Jahr 2009 schreiben? Was für ein Unsinn, wird er sich gedacht haben. Insofern ist Pater Raynald doch ein Freak. Als er hörte, dass ich mich mit jungen Mönchen unterhalten wollte, meinte er: »Ja super, dann können wir uns ja auch unterhalten!« Herzlich gerne! Doch worüber? »Über die Christusliebe – das ist das Entscheidende!«

Nun besucht mich Pater Raynald – und sein Besuch ist die reine Freude. Der alte Mönch hat wahrscheinlich noch nie etwas von *Positivdenken* oder von Dale Carnegie gehört, aber er liefert den Prototypen dazu. Mir gegenüber sitzt schlicht und einfach ein glücklicher Mensch, der mir eine einzigartige Bilanz der Dankbarkeit vor Augen stellt: Wie gut er es habe, wie glücklich Gott ihn in seinem Leben geführt habe, welche Gnade es sei, dass er das noch erleben dürfe: »So viele junge Leute hier! Und was für tolle Burschen! Noch nie in 57 Jahren waren so viele Mönche im Chor wie heute!« Glücksforscher aller Welt – schnappt euch Pater Raynald, bevor er das Zeitliche segnet! Unverhofft kommt mir eine Werbeszene aus den sechziger Jahren in den Sinn, in der jemand suggestiv sagt: »Verraten Sie uns das Geheimnis Ihres Erfolges!« – Ich glaube, es ging um eine Antifaltencreme. Ja, ich muss ihn das fragen, so doof es auch klingt: »Was ist Ihr Geheimnis, Pater Raynald? Sind Sie schon als Glückskind geboren worden?«

Ich hätte es mir denken können; das Gegenteil war der Fall: »Ich bin gar nicht als Glückskind geboren worden. Was denken Sie, wie oft ich dem Tod von der Schippe gesprungen bin. Seit 1985 weiß ich endlich, welche Krankheit es war, die mich, seit ich ein Säugling war, verfolgte und mich mehr als einmal an den Rand des Grabes brachte: *Zöliakie*. Das ist eine Unverträglichkeit für Weizen, Gerste, Hafer und Roggen. Es kommt zu heftigen allergischen Reaktionen, die mit Durchfall und Entwässerung des Körpers verbunden sind. Das kann sich steigern, und dann kollabiert das System. Sie können sich denken, was ich durchgemacht habe?« Ich versuche, es mir vorzustellen.

»Also, mein Glück«, erzählt Pater Raynald munter drauflos, »das habe ich erst im Kloster gefunden. 1951 kam ich. Sie sehen, ich bin jetzt 58 Jahre dabei. Alles schöne Jahre! Auch die schweren! Nachdem ich Priester war, setzten sie mich zunächst in der Verwaltung ein. Ich war für die Pacht- und Kaufverträge der ganzen Ländereien zuständig, auch dafür, dass wir die Steuern korrekt abführten. 1976 kam dann für mich ein Schock: ›Pater Raynald, wir brauchen einen für die Pfarrei Mönchhof. Sie machen das!‹ Schlimm! Natürlich machte ich das, aber es war für mich, als würde man einen Fisch aus dem Wasser ziehen! Ich liebe doch die Gemeinschaft so, das gemeinsame Chorgebet! Aber ich habe mich gefügt. Und es wurde mein Glück. Ich habe viel gebetet in dieser Zeit, und nach einem Jahr war die Wunde geschlossen. Ich machte mein Pfarrhaus ganz, ganz weit auf. Die Kinder und Jugendlichen konnten kommen, wann sie wollten. Die Erwachsenen natürlich auch. Ich schloss nie ab. Es war immer eine warme Stube für die Jugendlichen da. Und sie kamen. Sie konnten sich ja bei mir treffen. Wo sollten sie denn sonst hingehen? Wir feierten, sangen und lachten, aber ich brachte ih-

Pater Raynald, der Liebling der jungen Mönche

nen auch das Beten bei. Ja, wir beteten miteinander! Und mit den Jugendlichen kamen die Erwachsenen.

20 Jahre war ich ein richtig glücklicher Pfarrer! Und dann kam wieder ein Ruf: ›Pater Raynald, kommen Sie zurück, wir brauchen Sie jetzt im Kloster!‹« – »Da haben Sie sich sicherlich gefreut?« – »Wo denken Sie hin! O nein, es gab Tränen – viele Tränen auf allen Seiten. Bei den Leuten, die so an mir hingen – und bei mir. Ja, ja, ich habe viel geweint! ›Muss das denn sein, lieber Gott?‹, habe ich gefragt, so richtig ein bisschen ungehalten. Aber dann kam ich wieder in die Gemeinschaft zurück. Und bald dankte ich Gott, dass er mich schon wieder richtig gut geführt hatte. Ich wurde Novizenmeister und 1996 auch Subprior. Das

ist doch schön, wenn man den jungen Leuten etwas mit auf den Weg geben darf – nicht wahr?«

»Was haben Sie ihnen denn mit auf den Weg gegeben, den jungen Leuten?«, will ich in Verfolgung der raynhardinischen Glücksspur wissen. »Ja, das kann ich Ihnen sagen!«, holt der alte Mönch aus. »Ich habe jedem von ihnen gesagt. Wenn du Gott suchst, dann schau auf Jesus. Suche ihn! Tritt in Kontakt mit ihm! Das geht, ich kann es dir bezeugen. Mehr brauchst du nicht. Er will dein bester Freund sein. Halte dich an ihn, dann geht alles. In der Benediktsregel steht: ›Christus sollen sie überhaupt nichts vorziehen. Er führe uns gemeinsam zum ewigen Leben‹ …« Der Redestrom von Pater Raynald bricht an dieser Stelle ab. Die Wahrheit ist einfach. Mehr ist nicht zu sagen. Der Rest ist Vertiefung.

Ich gönne Pater Raynald eine kurze Verschnaufpause, frage dann: »Wie kommt man denn tiefer in Verbindung mit Jesus? Wie geht das?« Pater Raynald deutet auf seine Brust. »Mit dem Herzen! … Wir beten hier die Psalmen – endlos, jeden Tag neu. Wie in Spiralen geht das immer tiefer. Jeder Psalm hat ein Geheimnis. Das ist Christus. Jeder Psalm ist ein Christusgebet. Denken Sie, wenn ich mit Psalm 130 singe: ›Aus der Tiefe rufe ich, Herr, zu dir‹ – dann spreche ich ihn an, der auf die Erde gekommen ist, um unseren ganzen Dreck und unser Elend mit uns zu teilen! Und dann sind da die ganzen Dankpsalmen. Keinen von ihnen kann ich an Jesus vorbeibeten. Wenn ich sage: ›Meine Hilfe und mein Retter bist du‹, dann trägt der, den ich anspreche, die Züge Jesu. Er ist es, in dem der große Gott in unsere irdischen Verhältnisse gekommen ist und absolut liebenswert geworden ist. Er ist meine Dankadresse in Ewigkeit. In ihm hat Gott uns zuerst geliebt. In ihm liebe ich Gott. In Jesus geht Gott jedem Einzelnen von uns nach. In ihm sehnt er sich nach jedem Einzelnen von uns. Wenn ein Novize das verstanden hat, weiß er alles …« – »Dann ist man ein richtiger Zisterzienser?«

»Ein richtiger Zisterzienser ist man, wenn man gestorben ist. Dann werde ich mit Gott vereinigt. Dann kommt meine Sehnsucht an ihr Ziel. Dann sehe ich den Herrn.«

Pater Samuel
oder: Wie man auch ohne Motorrad ins Paradies gelangt

*N*ach dem Tod kommt nur noch das Paradies. Das Paradies vermutete man einst in Mesopotamien. Nach einem etwas staubigen Zwischenstopp im Paradies der Werktätigen verluderte es vorübergehend in der Bacardi- und TUI-Werbung, bis es durch muslimische Selbstmordattentäter wieder in näheren Betracht kam. Muhammad Abu Wardeh von der *Hamas*-Bewegung lockt seine menschlichen »smart bombs« mit nicht weniger als mit dem Paradies an. Den todbereiten Dschihadmärtyrer erwarten, folgt man diesem Abu Wardeh, im Paradies köstliche, ja einzigartige Belohnungen: 72 Huris, 70 Plätze für Familienmitglieder und immerwährende Glückseligkeit. Wenn sie in den Tod gehen, sind daher manche der männlichen Attentäter mehr darauf bedacht, ihre Schamteile als ihren Kopf oder ihr Herz zu schützen. Ganz sicher können sie sich ihrer Sache aber nicht sein, denn Selbstmord ist im Islam eine schlimme, ja eine äußerst strafwürdige Sünde: Die Art der Selbstentleibung müsse, so will es die Lehre des Propheten, bis in Ewigkeit wiederholt werden, und zwar unter den verschärften Bedingungen von Höllenfeuer. Schlimmer noch: Es scheint nicht einmal gewiss, ob das Wort »Huri« wirklich Jungfrau bedeutet; neuere Forscher lesen es als »Weintrauben«. Das wäre dann doch ein Unterschied.

Auf der CD ›Chant‹ ist eine uralte gregorianische Antiphon [*griech. = Gegengesang*] aus der Totenmesse zu hören, die man – in Heiligenkreuz zumindest – immer dann singt, wenn einer zu Grab getragen wird. Sie lautet: »In paradisum deducant te angeli« [*ins Paradies mögen Engel dich geleiten*]. Auch der christliche Glaube verspricht also das Paradies, das am Anfang der Bibel einmal – und so schön nie wieder – beschrieben wurde und dann irgendwie im Gedränge verlorenging. Gott selbst macht das Paradies wieder auf, wie wir an Weihnachten singen: »Heut schließt er wieder auf die Tür / zum schönen Paradeis; der Cherub steht nicht mehr dafür. / Gott sei Lob, Ehr und Preis.« Bei dieser Gelegenheit sind uns zwar weder Jungfrauen noch Trauben in Aussicht gestellt, immerhin aber etwas, bei dem uns auf unbekannte Art Hören und Sehen vergeht: die Visio beatifica Dei *[die seligmachende Schau Gottes]*.

In Heiligenkreuz gibt es einen, der als Spezialist für das *himmlische Paradies* gilt, ein gewisser Pater Samuel (34). Draußen in der Welt hatte Bernhard Rindt – so der bürgerliche Name von Pater Samuel – eher einen Ruf als Spezialist für höllisch heiße Maschinen, sprich: schwere Motorräder. Sein Studium der Germanistik und Geschichte verdiente sich der literarisch begabte junge Mann auf abgefahrene Weise, nämlich als journalistische Edelfeder in der Biker-Szene. Bernhard Rindt, aus demselben Clan, dem einst auch der legendäre Rennfahrer Jochen Rindt entsprang, war kultverdächtiger Motorradkritiker des intellektuell angehauchten Biker-Magazins »Der Reitwagen« und Chefredakteur der kleinen Zeitschrift »Haliklik«. Das brachte nicht nur Geld und Reputation, sondern auch immer neue schwere Maschinen, die unten vor dem Eingang zu seiner Studentenbude parkten.

Trotzdem erlebten die Leser des »Haliklik« im Jahr 2004 eine böse Überraschung. Ihr Guru kam auf verrückte Ideen. Im Editorial erschien mitten im Text der merkwürdige Passus: »... Die Drehzahlkurve der Qualität steigt von Heft zu Heft linear nach oben; soweit bleibt alles beim Neuen. Trotzdem gibt es Unerwartetes: Eurem Chefredakteur ist alles Irdische zu langsam geworden. Er legt das weltliche Leder ab und wechselt zu einem wahrhaft himmlischen Gefährt: In einer der schnellsten Kurven des Wienerwaldes liegt das Zisterzienserstift Heiligenkreuz, ein lateingetriebenes Gebetskraftwerk, das von 0 auf 150 Psalmen in nur zwei Wochen beschleunigt ...« Damit war der PS-Vordenker für die Szene erst einmal verloren.

Ich bin zu Gast in der Klosterzelle von Pater Samuel: »War das nicht das Paradies für Sie, Pater Samuel, mit einer heißen Bikerbraut die Semmering-Schnellstraße hochzufliegen?« – »Sie haben aber banale Phantasien vom Paradies! Meine Vorstellungen von Paradies entstanden jedenfalls nicht in der Bikerszene. Da gab es tiefere paradiesische Prägungen in der Kindheit und der Jugend.« – »Erzählen Sie!« – Statt zu erzählen, holt Pater Samuel zunächst einmal ein einschüchterndes Gerät aus dem Schrank, eine doppelschneidige Axt mit Hickoryholzgriff. »Von Mama, zu Weihnachten!«, zwinkert er mir zu. »Wozu das denn?« – »Na, wegen Paradies und so. Ab und an muss ich in den Wald! Weg mit dem ganzen intellektuellen Kram! Holz schlagen, arbeiten, bis mir die Knochen weh tun. Wie die alten Zisterzienser, die brauchten auch die echte, harte Handarbeit – dann konnten sie richtig gut beten. Irgendwie sind wir hier ein bisschen degeneriert.« Ui, scharfe Töne, denke ich mir.

»Wissen Sie, was für mich paradiesisch war, in meiner Kindheit?« Keine Ahnung. »Mit meinem Großvater Vollgas in den Wald hinauszubrettern! Er war ein alter Beamter, hatte aber auch Wald und besaß einen Unimog, wissen Sie, so ein unverwüstliches Geländeding. Über dem Führerhaus war eine Eisenstange angebracht. Daran musste ich mich festklammern, sonst hätte es mich glatt heruntergehauen.« Von Patrick, dem freundlichen Kandidaten, hatte ich schon propagandistische Legenden über Samuel gehört: »Der kann einen Unimog bis auf die letzte Schraube auseinanderlegen und wieder zusammenbauen – und das Ding fährt!« Pater Samuel schwärmt vom Großvater: »Es war Abenteuer pur. Gleichzeitig fühlte ich mich vollkommen geborgen in seiner Nähe, aufgehoben in seinem Blick. Er sah mich einfach gut an.« – »Und später, was war später für Sie das Paradies?« – »Es lag in der tiefen Hoffnung, ein Mädchen zu finden, mein Mädchen. Die Frau, mit der ich lachen kann, beten und Kinder kriegen.« – Kann ich nachvollziehen.

»Hat sich keine Frau für Sie interessiert? Oder sprechen wir von ›Paradise lost‹?« – »Doch, doch«, höre ich Pater Samuel stöhnen, »die

Mädels – das ist eine schwierige Geschichte. Ich hatte viele gute Bekanntschaften, aber ich suchte immer diese *eine*. An Gott bin ich dabei fast verzweifelt, weil es für mich so aussah, als würde er meine tiefe und wahrhaftige Sehnsucht knallhart ignorieren. Immer wieder attackierte ich ihn geradezu mit Gebet: ›Gott, ich habe eine solche Sehnsucht nach einer großen Liebe! Schenk sie mir doch!!!‹ Zweimal machte ich einen Anlauf zu einer Beziehung, nahm mir fast aus Trotz, was Gott mir doch offenbar nicht schenken wollte. Dann spürte ich, dass ich diesen Frauen gegenüber nicht fair war, dass ich ihnen nicht geben konnte, was sie sich von mir ersehnten, merkte, dass ich sie wieder loslassen musste, weil Gott etwas anderes mit mir vorhatte. Immer wieder kam das andere durch, wie eine Grundmelodie: ›Geh aufs Ganze, schenk dich mir!‹ Aber bis dahin war es für mich noch ein weiter Weg. Meine zweite Freundin krachte bei mir durchs Gebälk, als ich mitten im Ringen um den Klostereintritt war. Sie war wunderschön, auch ziemlich abgedreht. Zu einer anderen Stunde meines Lebens hätte ich sie wohl nicht mehr gehen lassen. Aber der deutliche Ruf Gottes ließ mir keine Ruhe mehr, und ich wusste, ich muss los, weil ich sonst mein Leben verfehle. Ich weiß, dass es ihr weh getan hat, mich ziehen zu lassen. Ich denke noch jeden Tag an sie. Dafür hat sie jetzt in mir einen Mönch, der täglich für sie betet. Ich habe mit Gott abgemacht, dass ich sie im Himmel gerne wiedersehen würde. Ich bin sicher, Er lässt mich da nicht hängen!«

Heftige Geschichte, denke ich für mich. »Und – hier haben Sie nun das Paradies gefunden? Wenn man zum ersten Mal die Homepage von Stift Heiligenkreuz betrachtet, könnte man ja tatsächlich meinen, hier herrschen paradiesische Zustände – eine sonnenüberglänzte Traumlandschaft mit glücklichen Mönchen.« Pater Samuel lacht. »Das hat was von den glücklichen Kühen auf glücklichen Weiden, nicht wahr? Nein, mein Eintritt war das Gegenteil von Paradies. Ich sprang mit einem Satz des Gehorsams gegenüber dem gefühlten Willen Gottes ins Kloster. Ich litt wie ein Tier. Jetzt gehst du kaputt, dachte ich. Das ist der Tod. Du verwelkst wie eine Primel. Du bist für immer abgeschnitten vom Paradies. Endlos rang ich mit Gott, unter Tränen, um dann – langsam, langsam – immer mehr zu ahnen und schließlich zu erkennen, dass Er, Gott, meine Sehnsucht durchaus nicht auslöschen, sondern *selbst* erfüllen wollte. Kommen Sie mit, ich zeige Ihnen was!«

Wir stiefeln über den langen, mit glänzenden Fliesen versehenen Flur und gelangen über eine verwinkelte Treppe in den herrlichen Kreuzgang, in dem man schon aus einiger Entfernung das Plätschern des Klosterbrunnens hört. Immer wieder ist es dieser herrliche, grün bemooste, an Conrad Ferdinand Meyers Gedicht erinnernde Brunnen im Brunnenhaus, der mein Interesse auf sich zieht: »*Aufsteigt der Strahl und fallend gießt / Er voll der Marmorschale Rund, / Die, sich verschleiernd, überfließt / In einer zweiten Schale Grund …*« Er ist kaum weniger schön als der von Kloster Maulbronn. Pater Samuel führt mich durch eine Doppeltür aus dem Kreuzgang hinaus. Draußen fordert er mich auf, mich bitte umzudrehen und das Portal zu betrachten: »Schauen Sie, das hier, das ist der Eingang zum ›*paradisus*‹! So heißt der Kreuzganggarten im Kloster seit den Zeiten der frühen Zisterziensermönche. Hier im Kreuzgang, besonders hier an dieser Stelle, habe ich gelernt, dass mich Gott nicht aus dem Paradies meiner Liebessehnsucht herausgeschmissen, sondern mitten hineingesetzt hat … Jeder hier im Kloster bekommt einen Job verpasst. Mir hat der Abt gesagt: ›Sie, Pater Samuel, machen das mit den Kindern und Jugendlichen! Sie erklären ihnen, was ein Kloster ist!‹ Da stand ich nun. Und wusste selbst nicht, was das ist.«

Pater Samuel hat einen herrlich lausbubenhaften Charme, mit dem er auch über schwierige persönliche Klippen hinweglächelt. »Also ich stand da und sagte zu den Kindern: ›Dies ist die Tür zum *Paradisus*, weil die mittelalterlichen Mönche glaubten, ihr Kloster sei das Paradies!‹ Als ich ein paar Mal mechanisch mein Sprüchlein aufgesagt hatte, fragte ich mich: ›He, und wir – glauben *wir das nicht mehr?*‹ Dieser Gedanke ließ mich nicht mehr los. Ich litt damals noch an einem kruden Gottesbild, am Bild eines sehnsuchtsfeindlichen Gottes …« – »Oh, da leiden viele drunter!«, stimme ich Pater Samuel zu. »Ich bin sogar überzeugt:

Das ist der eigentliche Grund, weshalb im Moment so viele gegen Gott und die Kirche rebellieren.« Pater Samuel stimmt mir zu und versucht seine seelische Not in dieser Zeit zu beschreiben: »Ich dachte, deine Sehnsucht nach Liebe und Zärtlichkeit und dein Gott, das sind zwei Paar Stiefel! Das kommt nie zur Deckung. Ich stürzte von einem Extrem ins andere. War ich bei Gott, konnte ich mit meinem Leib und meiner Sexualität nichts anfangen. Ging ich meiner Sehnsucht nach, kam Gott nicht drin vor. Aber das ist ja eine fürchterliche Irrlehre! Gerade bei diesen harten mittelalterlichen Asketen, den Zisterzienservätern, entdeckte ich eine ganz zarte, von erotischen Bildern durchsetzte Spiritualität, in der es endlos um Braut, Bräutigam, Liebe und Vereinigung geht.

PATER SAMUEL FÜHRT JUGENDLICHE DURCH DAS KLOSTER

Da wirbt Gott um uns wie ein Bräutigam um das Mädchen seiner Träume. Als ich das von Gott entdeckte, hätte ich jubeln können!« – »Das ist Ihr Schlüsselerlebnis, Ihre zentrale Erkenntnis?«, frage ich. »Ja, das ist tief in mir gespeichert für immer. Ich habe das nicht mit dem Kopf entdeckt. Ich habe das erlitten. Dass ich mich so sehne, dass ich so ein liebessüchtiges Herz habe, das hat er gemacht. Und er, der so ein großes Herz gemacht hat – er lässt es nicht leer. Gott ist *Ursprung und Ziel* meiner tiefsten Wünsche, meiner größten Sehnsucht.« – »Dann zeigen Sie mir doch mal, was Sie den Kindern und Jugendlichen zeigen«, fordere ich den sympathischen jungen Mönch auf.

»Gut, gerne – aber vielleicht schicke ich noch etwas voraus. Bevor ich die Kinder und Jugendlichen führe, bete ich.« – »Wieso?« – »Ich kann sie nicht führen. Gott muss etwas in ihren Herzen bewegen. Wie es in den Köpfen der Schüler und Jugendlichen aussieht, weiß ich genau, weil ich vor zehn Jahren mit analogen Erfahrungen dastand. Sie sind der Seuchenschleuder Internet nahezu wehrlos ausgeliefert, den Fantasy- und Second-life-Welten, in denen sie sich verlieren, vor allem der Pornografisierung, von der sie noch nicht wissen, dass sie ein Stück Hölle ist, weil es den Menschen entwürdigt, seine Freiheit vernichtet, ihn abhängig macht und die Liebe verschattet.« – »Klingt, als wüssten Sie, was ein Porno ist?« – »Kein normal gepolter Jugendlicher watet heute *nicht* durch diesen Sumpf. Weil ich ihre Erfahrungen durchlebt habe und da rausgekommen bin, kann ich ihnen etwas sagen. Ich weiß, ich habe nur einen Schuss in der Pistole – eine Stunde, um zu ihnen zu sprechen. Ich will sie nutzen, ihnen ein Bild der Liebe bei Gott zu geben, ihnen ›Braut und Bräutigam‹ vorzustellen, ihnen einen Eindruck von Gottes Schönheit und Zärtlichkeit zu geben, von seinem Interesse an ihnen, vom Abenteuer des Lebens mit ihm.«

»Und da hören Ihnen die Kinder und Jugendlichen zu?«, melde ich Zweifel an.

»Doch, doch. Vielleicht liegt es daran, dass ich so exotisch gekleidet bin oder dass alles so extrem verschieden ist von ihrer Welt. Aber sie sind total interessiert. Ich freue mich riesig, wenn sich dann ihre Gesichter verändern, wenn sie nicht mehr cool und versteinert sind, sondern wieder lebendig werden. Und eines können Sie mir glauben: *Gott wirkt auch!* Ich habe oft genug erfahren, dass das nicht ich bin, der sie begeistert, dazu hätte ich nicht die Kraft. Ich stelle mich nur als ›Fenster‹ zur Verfügung, durch die ihr Vater im Himmel sie anschaut und anspricht.« Aus dem Mund eines Ex-Schraubers hört sich das nicht frömmlerisch an.

»Ja, meine Führung beginne ich genau hier, an diesem Punkt. Hier geht es ins architektonische ›Paradies‹ des Klosters, in den Kreuzgang mit dem stillen kleinen Garten in der Mitte. Ich frage also die Kinder und Jugendlichen gerne, ob sie sich vorstellen können, dass ein Kloster ein Paradies ist. Die meisten schütteln den Kopf. Ich frage sie dann, was denn für sie das Paradies sei. Dann kommt zuerst eine Luxuseinrichtung mit Dauerfernsehen und Computerspielen, also lauter oberflächliche Schlaraffenlandvorstellungen. ›Reicht Euch das?‹ Dann merken sie selbst, dass ihnen das nicht reicht, dass sie sich im Grunde Liebe wünschen, die Liebe der Eltern, wenigstens den Frieden zwischen ihnen, und natürlich die ›große Liebe‹. Sie sagen das nicht offen, nicht cool, eher verschämt, aber es quillt zwischen den Zeilen überall heraus. Ich erzähle ihnen dann, dass über dem Kreuzgangeingang mancher Klöster ein Schild angebracht war, das auf das Geheimnis hinwies, das sich hinter der Außentür befand: »Paradisus claustralis« – *der verschlossene Garten*. Das ist eben kein Hinweis, dass dahinter ein Schrebergarten liegt, sondern eine Anspielung auf das ›Hohelied der Liebe‹ in der Bibel, wo der Bräutigam über seine junge Braut sagt: ›*Sie ist ein verschlossener Garten, ein versiegelter Quell.*‹«

»Das ist das Codewort?«

»Natürlich. Das ist die zentrale Intuition des heiligen Bernhard. Er hat – und das war eine geistige Revolution – erstmals das Christentum durch und durch als Liebe und Sehnsucht ausgelegt. Die Mönche haben das nur in Stein gehauen. Unter diesem Gedanken steht der ganze Bau und die ganze Gemeinschaft: Das Kloster ist quasi der ›Leib der

Braut‹, der nach außen verschlossen und nur für ihren geliebten Bräutigam – Jesus Christus – offen ist.« – »Da geht es um mehr als um die Steine?« – »Ja klar, da geht es um die Menschen. Jeder Bruder, der hier eintritt, hat hier die Berufung, mit den anderen gemeinsam ein ›Garten‹ zu werden, in den Gott eintritt.«

Wir treten selber nun in den Kreuzgang ein; zwischen den Säulen ergibt sich ein herrlicher Blick auf die Vierung, die sich jetzt winterlich kahl präsentiert, im Sommer aber mit herrlich blühenden Pflanzen bedeckt sein wird. »Was ist die geistige Bedeutung dieses Gartens hier im Kreuzgang?«, frage ich. »Ganz einfach: Gott kommt als Gärtner in unsere Seele. Jetzt aber bitte nicht an dieses romantische Abziehbild vom Blumenfreund denken! Meine Axt, oben in der Zelle, die passt schon besser! Gott muss das Land unserer Seele urbar machen. Er leistet Schwerstarbeit, um uns wieder innerlich schön und fruchtbar zu machen: Disteln und Dornen raus, umgraben, was Sinnvolles anbauen, von dem auch andere leben können. Diese Bilder verwendet auch der heilige Bernhard, um seinen Mönchen beizubringen, wie man ins Paradies gelangt. Er sagt, dass man dort nicht mit den Füßen eintritt, sondern ›mit sehnsüchtigem Streben‹. Deshalb ist das Klosterleben auch ein diszipliniertes, arbeitsreiches Leben, mit dem man den Gärtner Christus so gut wie möglich bei seiner Arbeit unterstützt.« – »Wie darf ich mir das vorstellen?« – »Nun, indem ein Mönch liest, betet, arbeitet, sich täglich bekehrt und sich wirklich verändert, wird er offen für die Gnade – für Sein tägliches Kommen. Den Jugendlichen sage ich es ganz klar: Kloster ist kein Spaziergang! Es ist das Leben von Leuten, die verstehen lernen, dass sie Sünder sind, andere verletzt, Mist gebaut haben, gigantischen Mist. Es ist das Leben von Leuten, die davon aufhören wollen, gierig ihre innere Leere auszufüllen, indem sie verzweifelt alles Mögliche in sich hineinstopfen. Nein, in einem Garten wartet man auf die Sonne. Dann wächst es. Und Gott, der beste Gärtner der Welt, ist erfinderisch, er recycelt unseren Mist, um Obst anzubauen, wenn wir das zulassen.«

»Kann man es so sagen: Kloster ist ein bisschen so wie Robinson auf seiner Insel. Er baute sich ein Paradies ...« – »Na ja, Robinson glaubte noch, man könne das aus sich. Aber das Paradies ist kein Selbstläufer, sonst hätten es all die Aussteiger in Goa und auf der Insel Gomera bereits hergestellt. Wir Mönche glauben, dass es das Paradies erst im Himmel gibt. Aber wir können hier ein Abbild vom Paradies erschaffen, wenn wir es in unserer Sehnsucht schon jetzt langsam anbrechen lassen. Wie das geht? Durch *Hören auf Gott*. Das ist das Erste, was Benedikt in der Regel von uns will und das Erste, was Gott von Israel verlangt: ›Höre, Israel! Du sollst Gott lieben mit all deiner Kraft, all deinen Gedanken ...‹ Mit der Liebe zu Gott fängt alles an – dann kann man auch die anderen lieben.«

»Lieben – wie geht das?«

»Sperren Sie einmal 74 erwachsene Individualisten in 1000 Kubikmeter Kloster ein. Wissen Sie, was dann passiert? Sie organisieren sich die Hölle. Der eine will das. Der andere das. Der Dritte fühlt sich nicht beachtet. Der Vierte hasst den Fünften. Der Sechste bin ich. Gott muss uns die Liebe geben, damit wir Mönche hier uns überhaupt gegenseitig aushalten. Nein, das ist kein Spaziergang! Unser ganzes Leben hier steht unter dem Stern der Barmherzigkeit, weil wir hier im täglichen Leben miteinander oft ziemlich schmerzhaft auf die eigenen Schwächen und die der anderen stoßen. Barmherzig kommt nicht von ›herzig‹, sondern von Erbarmen. Das Erbarmen bestimmt unsere Würde – am besten auch an den kalten Tagen, denn liebenswürdig sind wir selten, erbarmungswürdig immer.«

Ich finde Pater Samuels Vision eines Klosters faszinierend, weil es im Grund genommen eine Konzeption für das Zusammenleben in jeder Gemeinschaft ist. »Wissen Sie, was falsch ist an der CD CHANT?«, frage ich Pater Samuel. »Nein, was?« – »Das Cover ...« – »Bingo!«, meint Pater Samuel. »Das *Paradies der Klausur* ist alles andere als eine glänzende Anderswelt, in der wir Mönche auf einer spiegelnden Oberfläche über die menschlichen Abgründe hinweglaufen. Im Gegenteil: Wir stehen hier oft knöcheltief im Schlick der menschlichen Existenz und schreien aus dieser Tiefe um das Erbarmen Gottes und der anderen. Und ebendiese Hilfe Gottes, die sich so oft konkret erleben lässt, wenn man ihn hereinbittet, ist einfach wunderbar. Das ist meine Erfahrung: Wenn ich ihn an mich ranlasse, wirklich an mich, nicht an ein frommes Abziehbild, wie ich es ihm gerne vorspiegle, dann überrascht mich manchmal seine Nähe. Ich erfahre, dass er mich *trotzdem* liebt, trotzdem, *obwohl* er meinen Abgrund kennt. Dass er mich glühend, zart und sehnsüchtig liebt, mich tröstet, unterrichtet, mahnt, ja sogar mit mir scherzt …«

»Wie ist das mit Gott, Pater Samuel?«

»Wir tauschen uns aus: Ich erzähle ihm von meiner Hölle, er mir von seinem Himmel, bis er bei mir anbricht.«

Mönch sein heisst Gott erwarten